EL REFUGIO DE LAS PROMESAS DE DIOS

EL REFUGIO DE LAS PROMESAS DE DIOS

SHEILA WALSH

GRUPO NELSON
Una división de Thomas Nelson Publishers
Desde 1798

NASHVILLE DALLAS MÉXICO DF. RÍO DE JANEIRO

Publicado en Nashville, Tennessee, Estados Unidos de América. Grupo Nelson, Inc. es una subsidiaria que pertenece completamente a Thomas Nelson, Inc. Grupo Nelson es una marca registrada de Thomas Nelson, Inc. www.gruponelson.com

Título en inglés: *The Shelter of God's Promises*

Publicado por Thomas Nelson, Inc.

Editora General: *Graciela Lelli*

Traducción: *Lesvia E. Kelly*

Adaptación del diseño al español: *Grupo Nivel Uno, Inc.*

ISBN: 978-1-60255-468-9

Impreso en Estados Unidos de América

11 12 13 14 15 HCI 9 8 7 6 5 4 3 2 1

Este libro está dedicado a una de mis amigas más preciadas, Ney Bailey. Estaré eternamente agradecida por las muchas maneras en que tu vida es un recordatorio radiante de las promesas que Cristo me ha dado.

CONTENIDO

Reconocimientos

Estoy sumamente agradecida al equipo que trabajó conmigo en esta jornada que ha cambiado mi vida por medio de la Palabra de Dios:

Brian Hampton, gracias por tu liderazgo y visión.

Bryan Norman, siempre das mucho más de lo que se te pide, ¡pero esta vez diste dos vueltas alrededor del planeta Tierra! Gracias, Bryan.

Jeanette Thomason, gracias por vaciarte sin reservas en este proyecto.

Jennifer Stair, tu esmerada atención al detalle es un regalo sin igual.

Michael Hyatt y el equipo completo de Thomas Nelson, es un privilegio estar en compañía de personas tan creativas.

Mary Graham y la familia de Mujeres de Fe, gracias desde el fondo de mi corazón por la plataforma que me han dado para compartir el amor y la gracia de Dios con miles de mujeres a través de todo el país.

Barry Walsh, estoy muy agradecida a ti, por lo mucho que te ha gustado este libro. Me ayudaste en cada paso del camino, y gracias a ti, el proyecto final es mucho más sólido. ¡Gracias!

Mi gratitud más profunda es a ti, Señor Jesucristo. Gracias porque podemos aferrarnos a tus promesas y encontrar en ti refugio para nuestras vidas.

Introducción

En la hendidura de la roca

Una noche sola en la tormenta

Cerca de mí hay un lugar sobre una roca —añadió el Señor—. Puedes quedarte allí. Cuando yo pase en todo mi esplendor, te pondré en una hendidura de la roca y te cubriré con mi mano, hasta que haya pasado.

—Éxodo 33.21–22

Ya sea el Hotel Ritz Carlton o un Motel 6, todo viajero sabe la importancia de encontrar refugio en la noche, un lugar donde descansar, para resguardarse del clima o solamente por un día, y para darle la bienvenida a la promesa del amanecer y al esplendor de una nueva mañana.

Yo lo sabía, aunque solo tenía dieciocho años de edad.

Así que cuando abordamos el tren en Ayr, el lugar donde vivíamos, en la costa oeste de Escocia, mis amigas de la escuela secundaria —Linda, Moira— y yo, acarreamos una colección impresionante de sacos para dormir, mochilas y equipos para acampar y nos dirigimos a nuestro campamento femenino. Si crees que se trata de muchachas exploradoras, mejor piensa en algo como la serie de televisión *Los nuevos ricos*. Ya al atardecer, la palabra refugio estaría en nuestras mentes. Primero cambiaríamos de trenes en Glasgow, con destino a Aviemore, el cual se encontraba en el mismo centro del Parque Nacional de Cairngorms.

Las Cairngorms, ubicadas en las tierras altas del este de Escocia, son cinco de las montañas más elevadas de ese país, cada una de ellas lejana y hermosa. Incitaban a una aventura por lo que me entusiasmó explorarlas, con la esperanza de ver a un águila real o a un gran búho blanco.

Me encantaba la idea de ser exploradora. Como crecí en la costa oeste de Escocia, admiraba a los hombres y mujeres que se aventuraban con lo desconocido, particularmente aquellos que vivieron para contar sus historias. Al ver las escarpadas y agrestes Cairngorms, aún con sus olas de nieve sobre las cimas, pensé: «*Esto no va a ser fácil, lo de vivir para contar la historia*». Sin embargo, la idea siguió atrayéndome.

Linda, Moira y yo salimos del tren, para caminar por un territorio totalmente nuevo. Decidimos tomarlo con calma esa primera noche, caminando solo cuatro kilómetros hacia la cordillera. Lo agreste del lugar nos advertía de una manera tácita y siniestra que debíamos armar nuestras tiendas de campaña mientras hubiese suficiente luz del día. Aun desde la plataforma del tren, nos asombró ver las altas mesetas de

Braeriach y las enormes laderas de las montañas Cairngorms. Ahora, mientras nos dirigíamos hacia las montañas y ascendíamos, estábamos rodeadas de rayos solares intermitentes con nieblas que se retorcían y sombras profundas plateadas en las hendiduras, brillando con residuos de nieve. Los lugares más recónditos revelaban los precipicios desolados, los barrancos de granito rojo y las fauces escabrosas de la montaña.

Antes de subir, encontramos algo que parecía un buen lugar para acampar esa noche, entonces hicimos una pequeña fogata para hervir agua porque, hasta en la selva, las escocesas necesitamos nuestra taza de té. Antes de meternos en nuestras tiendas individuales de campaña, quise celebrar esa noche hermosa. Así que subí al punto más panorámico para ver el sol esconderse detrás de las montañas.

Entonces volví a bajar para meterme en mi saco de dormir, prendí mi linterna y leí uno de mis salmos favoritos. Llamado «Cántico de los peregrinos», el Salmo 121 parecía muy adecuado:

A las montañas levanto mis ojos;
¿de dónde ha de venir mi ayuda?
Mi ayuda proviene del Señor,
creador del cielo y de la tierra.

No permitirá que tu pie resbale;
jamás duerme el que te cuida.
Jamás duerme ni se adormece
el que cuida de Israel.

El Señor es quien te cuida,
el Señor es tu sombra protectora
De día el sol no te hará daño,
ni la luna de noche.

El Señor te protegerá;
de todo mal protegerá tu vida.
El Señor te cuidará en el hogar y en el camino,
desde ahora y para siempre.

En aquella selva, con la oscuridad más profunda que te puedas imaginar y con toda clase de sonidos extraños —pájaros asentándose para pasar la noche, el ruido de las ramas de los árboles causado por las brisas de las montañas, el crujir de la hierba por el paso de un animal horripilante que no puede ser percibido—, todo me hizo temer que había hecho reservaciones para pasar la noche en mi saco de dormir. Aun así, el Salmo 121 me confortó y pude dormir profundamente y en paz con una imagen clara en mi mente de ese lugar hermoso.

Cuando desperté, tenía frío y estaba lloviznando afuera. Llovizna es el nombre que le damos a cierta clase de lluvia en Escocia. No es lo suficientemente sustancial para ser una lluvia razonable, pero aun así se las ingenia para dejarte empapada. Así que decidí cambiarme de ropa y ponerme una más abrigada para el día, mientras Moira calentaba una lata de frijoles al horno y asaba unas salchichas ensartadas en palitos sobre la fogata. Recogí un poco de agua del arroyo para hacer té y comimos mientras observábamos nuestro mapa. Apenas determinamos dónde estábamos y dónde queríamos estar para el atardecer, empezamos a empacar e iniciamos nuestro primer día de expedición.

La caminata fue difícil ese día y no solo por la llovizna. El viento soplaba directamente a nuestras caras. A veces, no podíamos ver por dónde íbamos. Sin embargo, para el atardecer, logramos caminar dieciséis kilómetros conscientes de que necesitábamos encontrar un lugar para acampar y refugiarnos del viento.

Apenas sujeté bien mi tienda de campaña, traté de empezar una fogata, por lo que las demás hicieron lo mismo.

Tratar fue lo mejor que pudimos hacer. El viento sopló y sopló; a veces, sonaba como un lobo aullando en las montañas. Mientras estaba sentada en medio del frío y la oscuridad, con los vientos soplando por doquier, le recordé a Dios su promesa en cuanto a «no dormirse, no adormecerse y cuidarme». Entonces, viendo que no había nada más que hacer, Linda, Moira y yo decidimos que debíamos tratar de evadir la tormenta yéndonos a dormir temprano esa noche. Me puse dos suéteres sobre mi sudadera y me interné en lo más profundo de mi saco de dormir. Escuché el viento soplar por un tiempo, antes de quedarme profundamente dormida.

De repente, me desperté esa misma noche en un estado de confusión. Al principio no podía recordar dónde estaba, pero lo más apremiante era que algo pesado estaba sentado sobre mí. Casi no podía respirar. Busqué mi linterna palpando en la oscuridad y dirigí la luz hacia el techo de mi pequeña tienda de acampar. Algo afuera estaba aplanándome a mí y a mi tienda, y yo estaba aterrorizada. Traté de llamar a Moira o a Linda para que me ayudaran, pero el viento estaba muy ruidoso y me sentí ahogada por el peso que presionaba mi rostro y mi pecho. Sacudí mis rodillas fuera de mi saco de dormir y empujé contra la pared de la tienda de campaña hasta que pude salir de aquella presión. Entonces salí de la tienda arrastrándome para ver qué era lo que había causado todo aquello.

¡Casi salto de mis botas Wellington cuando quedé cara a cara con una oveja gigantesca! No sé cuál de las dos quedó más sorprendida, pero la oveja se normalizó más rápido que yo y evidentemente iba a reposar toda la noche sin ninguna intención de pararse. Todavía no estoy segura de que ella tuviera la intención de recostarse sobre mi tienda de campaña para tomar una siestita o si es que el viento me la tumbó. Traté de mover su cuerpo lanoso sin éxito; además, no había razón para despertar a Moira o a Linda. No había espacio para otra persona en ninguna de sus tiendas de campaña.

¿Qué hacer? No pensé que hubiese sido sabio unirme a la oveja en su recostadero, así que saqué mi saco de dormir de la tienda y traté de hacer un plan. El problema verdadero era el viento. Sabía que no podía dormir totalmente expuesta a los elementos. Pero recordé haber visto una cueva excavada en un lado de la montaña cuando estábamos examinando el terreno. Usando mi linterna, pude regresar a esa cueva. Después de cerciorarme de que no estaba uniéndome a nada que pudiese verme como merienda de medianoche, entré a gatas.

Me puse tan cómoda como pude con mi saco de dormir y permanecí allí el resto de la noche. Aunque el viento siguió aullando afuera, la cueva estaba excavada de tal manera que yo estaba totalmente protegida. Era el lugar más inseguro de todos, pero cuando parecía estar sumamente expuesta y desplazada, descubrí que estaba más cómoda que en cualquier otro sitio.

Dentro de poco tiempo, una vez más quedé profundamente dormida.

A la mañana siguiente, una luz brillante entró paulatinamente a la cueva donde dormía. Salí de mi saco de dormir a gatas para ver el sol, dorado y brillante, ponerse sobre las siluetas azules y moradas de las montañas. La leve y calmada tranquilidad y majestuosidad, me sorprendió después del vendaval de la tormenta nocturna. Sentí como si Dios me estuviera diciendo: *Buenos días, Sheila. ¿Descansaste bien? Te mantuve en la hendidura de la roca solo para esto, para que tú y yo lo disfrutáramos juntos.*

Recuerdo haberme sentido con paz y amada, segura y protegida, además de perdonada.

Luego escuché que mis amigas estaban llamándome asustadas y confundidas. Me sentí impelida por aquel regalo sin igual: el despliegue del resplandor matutino exclusivamente para mí. Sin embargo, estaba tratando de explicarles a Moira y a Linda que su amiga y compañera de viaje no se había transformado en la Gran Bertha, la oveja de la montaña.

Al final completamos nuestra expedición y aprendimos lo valioso que eran un suéter grueso y una abundante cantidad de té. Pero más que eso, Aviemore me recuerda que cada uno de nosotros somos viajeros que recorremos este mundo. Cada día vamos rumbo a algún lugar, como mis amigas y yo en esos trenes hacia las montañas Cairngorms. Unas veces nuestro espíritu aventurero quiere explorar, para ver cuán lejos podemos llegar, cuán alto podemos escalar. Otras veces tenemos que cambiar de tren. A veces la vía en que estamos viajando se descarrila. Hay accidentes. La vida pasa. Caminamos hacia lo desconocido con temor. Quedamos cansados y agotados, confundidos y hasta deambulamos. Perdemos nuestro camino. El peso de la vida nos oprime. Vienen tormentas. No consigues ese trabajo que esperabas. El hombre que amas no te corresponde o no comparte la vida tan íntimamente como deseas. Tus hijos, a pesar de lo mucho que los adoras, toman un camino que nunca hubieses escogido para ellos. Tu amiga no está contigo cuando más la necesitas. Las cuentas siguen llegando y no sabes cómo pagarlas. Tu salud se deteriora. Un ser querido fallece. Quieres lograr grandes cosas, pero no sabes cómo ni dónde empezar. Tienes sueños grandes, pero no logras engendrarlos o hacerlos realidad. O quizá las cosas parecieran estar cómodas, pero anhelas mucho más: esa cima de la montaña, la salida del sol.

¿Dónde está tu cántico de los peregrinos? ¿Dónde está el refugio que Dios prometió en el Salmo 121, su ayuda, su ojo vigilante cuidándote tanto en el hogar como en el camino, su protección de todo mal?

A menudo pienso en ese misterio y en la cueva en las afueras de Aviemore que me dio refugio durante la tormenta, en la noche oscura controlada por la lluvia. Lo que más me impresionó es que, en la tormenta y bajo presión, Dios me llevó a un ambiente de descanso, comodidad y, más importante aún, a un lugar de belleza absoluta. Aun en medio de incomodidad, desilusión y desplazamiento, me mantuvo a salvo. Y desde la hendidura de esa roca, un nuevo día amaneció, una vislumbre de esplendor y gloria, y un momento tan hermoso de comunión con Dios, que supe que me amaba profundamente, íntimamente y con seguridad, tan segura como la roca sobre la cual estaba parada.

En la tormenta y bajo presión, Dios me llevó a un ambiente de descanso, comodidad y, más importante aún, a un lugar de belleza absoluta.

1

Promesas, promesas

Necesito algo a qué aferrarme

La promesa

Todas las promesas que ha hecho Dios son «sí» en Cristo. Así que por medio de Cristo respondemos «amén» para la gloria de Dios.

—2 Corintios 1.20

Cuando meditas en las promesas, lo menos que quieres es pensar en lo que está quebrado, en el quebrantamiento. Es de naturaleza humana querer algo seguro y que alguien respalde tal certidumbre, que lo garantice, sin preguntas. Pero solo Dios puede pensar en lo inconcebible, para demostrarnos que lo imposible es posible, que existe una clase de quebrantamiento que mantiene todo unido y en el que las promesas son cumplidas.

Pero me estoy adelantando.

Para mí, decidir estudiar las promesas de Dios a profundidad, empezó con una carta. En estos días consigo muy pocas cartas en mi buzón. La mayoría de mis amigos se comunican por correo electrónico o por mensaje de texto, así que un sobre escrito a mano sobre mi escritorio era algo novedoso. Lo recogí y lo abrí con curiosidad. Y lo empecé a leer.

Nunca había conocido a la mujer que me escribió, pero al parecer ella me escuchó hablar en una actividad y sintió una conexión conmigo. Escribió sobre algunas de las adversidades que había estado enfrentando durante unos cuantos años ya. No eran pequeñeces: enfermedad, dificultad financiera y la disolución de su matrimonio. Entre todas esas dificultades, una línea captó mi atención por su profunda simplicidad: «No hubiese podido llegar hasta aquí sin las promesas de Dios».

«No hubiese podido llegar hasta aquí sin las promesas de Dios».

Leí su carta nuevamente. Por una parte, había un enorme dolor humano. Por la otra, palabras escritas en papel acerca de un Dios que no podemos ver y de la ayuda invisible del Espíritu Santo. Para algunos, la balanza habrá parecido estar desequilibrada; las dificultades tangibles de su vida dejaron su cuerpo, alma y corazón completamente despojados. Aun así su confianza era contundente, hermosa y casi desgarradoramente persuasiva. Sus palabras no eran ilusorias, sino una proclamación que ha sido vivida a base de lágrimas y *sin duda alguna*.

Me vinieron a la mente amigas y personas que he conocido a través de mis treinta años de hablar a mujeres alrededor del mundo. Me acordé de personas que habían enfrentado circunstancias difíciles similares y que lucharon para encontrar esperanza en medio de sus problemas. He leído las notas que me han dejado en mi página de Facebook, notas que me han deslizado en la mano al final de una actividad. Desde las cuevas oscuras de un sinnúmero de corazones, he escuchado el mismo grito primordial, las mismas preguntas una y otra vez:

¿Me ha olvidado Dios?
¿Tiene importancia mi vida?
¿Hay un plan en medio de este desastre?
¿Cómo lo voy a hacer?
¿Cómo sé que a Dios le importa mi familia?
¿Qué va a pasar cuando muera?
¿Moriré sola?
¿Qué pasará si sobrevivo a mis hijos?
¿Por qué Dios no me sana de la depresión?
¿Por qué Dios no ha restaurado mi matrimonio?
¿Cómo sé si siquiera Dios ha escuchado mi oración?

Queremos creer que Dios lo ve todo, nuestras entradas y salidas, nuestras noches y nuestros días, como lo dice el Salmo 121. Y necesitamos saber y sentir desesperadamente que sus promesas son válidas aun en las noches más oscuras. Creemos que Dios nos ama, pero aún nos suceden cosas malas. Hay consecuencias y efectos secundarios, daños y heridas, un dolor que corre tan profundamente que ante su presencia, el recuerdo de las tormentas, invade nuestras vidas una y otra vez.

Los fracasos, desilusiones y pesares nos mantienen preguntándonos: ¿Seguirán firmes las promesas de Dios cuando todo lo demás se esté derrumbando? ¿Qué es exactamente lo que nos promete? ¿Podemos confiar que va a cumplir sus promesas?

Los fracasos, desilusiones y pesares nos mantienen preguntándonos: ¿Seguirán firmes las promesas de Dios cuando todo lo demás se esté derrumbando?

La promesa que permanece para siempre

Nuestra profunda necesidad de respuestas afirmativas a esas preguntas, nos afectó durante el tiempo en que mi suegro, William, vivió con nosotros. Aunque nunca lo expresamos verbalmente, mi esposo Barry y yo supusimos que su mamá iba a sobrevivir a su papá, ya que William era doce años mayor que Eleanor.

Pero eso no fue lo que sucedió. Eleanor fue diagnosticada con cáncer a los sesenta y siete años de edad, por lo que solo vivió dos años más.

Conservo una imagen vívida de William el día del funeral. Barry había llevado a nuestro hijo, Christian, al carro mientras William tuvo unos minutos a solas en el cementerio después que todos se fueron. Me senté bajo un árbol cubierto de musgo, con sus ramas y sus hojas extendidas en todas direcciones, como un paraguas sobrenaturalmente diseñado. Quería descansar un momento y disfrutar no solo de la paz que había allí, de la tranquilidad, sino también del alivio después de las emociones fuertes y el desapego que causa la muerte, y de la incertidumbre en las semanas anteriores. Cuando miré hacia arriba, William estaba parado allí con su traje oscuro, con su cabello canoso y bien peinado, con las manos cruzadas por delante, como un niño perdido que no sabía qué hacer.

Ese día tomamos la decisión: William se iba mudar de su hogar en Charleston, Carolina del Sur, a vivir con nosotros en Nashville, Tennessee.

—¿Qué ocurriría si ustedes se cansan de tenerme aquí? —preguntó una mañana mientras desayunábamos.

—Papá, no nos vamos a cansar de ti —le dije—. Tú eres de aquí. Éramos una familia de tres. Ahora somos cuatro.

—¿Cuáles son las reglas de la casa? —preguntó.

—Ah, tenemos una lista bien larga —dije con una sonrisa—. Sean amables los unos con los otros y, si se caen, voltéense, ríanse bastante y levántense otra vez.

Barry, Christian y yo disfrutábamos mucho con William en nuestro hogar. Él era gracioso y agradable, además de un gran cocinero. ¡Su sopa de quingombó era una leyenda! Estábamos muy felices de poder cuidarlo y disfrutar su compañía. Hasta que un día sucedió algo que hizo que empacara sus maletas, al menos en su mente. Estábamos discutiendo algo durante la cena. Ahora ni siquiera me acuerdo de qué era, pero William expresó que estaba en desacuerdo conmigo en cuanto a algo que dije. Me sorprendió un poco el tono de su voz, porque ese no era su carácter, pero supuse que tal vez estaba irritado porque sus rodillas estaban molestándole y causándole suficiente dolor como para hacerle perder el sueño. Todos nos quedamos callados por un momento, luego empujó su silla hacia atrás fuera de la mesa y subió a su dormitorio.

Como no volvió a bajar después de una hora, decidí ir a ver si se estaba sintiendo bien. Toqué la puerta de su dormitorio y me invitó a entrar. Sentado en el borde de su cama, con las manos sobre sus piernas, se veía como el mismo niño que estaba perdido, parado en el cementerio, sin saber qué hacer. Me senté a su lado.

—¿Y ahora qué? —me preguntó.

—¿A qué te refieres?

—A que si me voy ahora.

Me quedé atónita.

—Claro que no. ¿Por qué preguntas eso?

—Bueno, sé que me dijiste que me podía quedar para siempre. —Hizo una pausa—. Pero quebranté las reglas.

Entonces recordé el comentario que hizo durante la cena y supuse que para él, dejar la mesa, no fue un gesto amable conmigo. Se me partió el corazón al ver su desesperación, por lo que necesitaba ayudarle a entender.

—Papá, es posible que las reglas nos ayuden a poner orden, pero el amor y la gracia hacen que valga la pena vivir. Tú eres de aquí. Tienes permiso para cometer errores, como cada uno de nosotros. Eres nuestra familia y no vamos a ir a ningún lado sin ti. Botamos el recibo de compras cuando te trajimos a casa. Nos vamos a quedar contigo.

La promesa más vieja que Moisés

Lo que anhelamos es *protección* y eso es lo que Dios nos promete. Tenemos esperanza, deseamos, oramos por promesas en las cuales podamos confiar, caiga o no la lluvia, salga o no el sol, para proteger nuestros corazones y nuestro ser, nuestros sueños y nuestras acciones. Queremos que esas promesas se cumplan cometamos o no errores (o pensemos que los hemos cometido) o aun cuando los cometa otra persona.

Es un anhelo antiguo, más viejo que Moisés, esto de las promesas hechas y las cumplidas. Es más, es Moisés el que me viene a la mente cuando pienso en promesas: Moisés, el cual fue llamado a sacar al pueblo de Dios de la esclavitud para llevarlo a la tierra prometida. Moisés, el que fue llamado amigo de Dios. Moisés, el que hablaba con Dios tal y como un hombre le habla a un amigo (Éxodo 33.11). Y también Moisés el que dudaba (Éxodo 3.10—4.13) y el asesino (Éxodo 2.11–14), el Moisés tan humano que se enojó y tuvo miedo, el que se sintió desilusionado y desanimado. Pienso en el Moisés que, por experiencia propia, se dio cuenta —tal y como William lo verificó en nuestro hogar y yo lo descubrí aquella noche de tormenta en las montañas Cairngorms—, que Dios cumple las promesas que nos hace, no importa si le somos fieles o no.

El momento de la historia de Moisés que más me llama la atención es cuando le suplicó a Dios que se acordara de sus promesas (Éxodo 33.12–17). Dios le había dado los Diez Mandamientos a Moisés, que descendió con estos del monte Sinaí, solo para descubrir que las personas no estaban listas para recibirlos.

Cansadas de esperar a Dios y a Moisés en el desierto, hicieron un becerro de oro con sus joyas usadas: aretes y anillos. Estaban adorando a su propia creación, buscando las promesas que ellos mismos podían controlar y hacer o quebrantar como se les antojara, en vez de confiar en las promesas de Dios, que los llevaría a la tierra prometida.

Moisés llegó a la escena y, lleno de ira al ver el becerro de oro, tiró los mandamientos que estaban escritos en las tablas de piedra.

¿Cómo era posible que aquellas personas no pudieran esperar a Dios? ¿Cómo es que no pudieron ver que incluso ahora Dios les estaba dando todo lo que les había ofrecido? Polvo y piedritas, fragmentos y astillas de las tablas de piedra quedaron esparcidos a los pies de Moisés como promesas incumplidas. Acabando de bajar de la gloriosa presencia de Dios, se sintió descorazonado y desconsolado.

Dios también estaba así, tan quebrantado que le dijo a Moisés que tal vez debía abandonar a su pueblo.

Ah no, no, suplica Moisés. *Si no vienes conmigo, con nosotros, ¿cómo puedo guiarlos? ¿A dónde vamos a ir? Déjame conocer tus caminos. Déjame ver tu gloria para poder conocerte.* «O vas con todos nosotros —replicó Moisés—, o mejor no nos hagas salir de aquí. Si no vienes con nosotros, ¿cómo vamos a saber, tu pueblo y yo, que contamos con tu favor? ¿En qué seríamos diferentes de los demás pueblos de la tierra?» (Éxodo 33.15–16).

Dios, conmovido por Moisés e incapaz de abandonar a los que ama o resistir sus lamentos, ya había planeado la manera de permanecer con ellos y protegerlos. Entre el polvo y los escombros de las tablas de piedra, su Palabra siguió siendo fiel, y sus promesas iban a ser cumplidas. Dios vio a Moisés mientras suplicaba no solo para permanecer en su presencia, sino también para ver toda su gloria. Dios, a quien se le había destrozado el corazón como esas tablas de piedra, empezó a recoger todos los pedazos.

Imagínate a Dios, después de ver todo el rechazo de la gente a quien acababa de rescatar, diciéndole a Moisés: «Tendré clemencia... tendré compasión» (Éxodo 33.19). Es como que si Dios, habiendo visto a la gente profanar y destrozar el refugio de su protección estuviera dispuesto a ofrecer sus propios pedazos nuevamente, recogiéndolos y restableciéndolos. Luego, en un acto de gran misericordia, le dijo a

Moisés que consiguiera piedras nuevas para así tener tablas nuevas de piedra sobre las cuales la Palabra pudiera ser escrita para el pueblo. Aun cuando demostraron ser totalmente infieles, Él permaneció dispuesto a empezar otra vez.

El refugio que Dios hizo para Moisés fue la hendidura de Horeb, una grieta no solo para protegerlo de las tormentas, sino para que tuviera la oportunidad de ver su gloria. Sin embargo, lo que aprendemos con Moisés se extiende más allá de la escena de los Diez Mandamientos. Había un tema mucho mayor que estaba sucediendo en ese momento, acerca de las promesas y la provisión de Dios. El comentarista de la Biblia, Matthew Henry, lo explica de esta manera:

> Un descubrimiento total de la gloria de Dios hubiese abrumado hasta a Moisés. El hombre es tan malo que no se lo merece; tan débil que no podría tolerarlo; tan culpable que no podría hacer más que temerlo. Solo a través de Cristo Jesús podemos soportar tal despliegue de misericordia. El Señor nos otorgó lo que puede satisfacernos abundantemente. La bondad de Dios es su gloria; Él quiere que lo conozcamos por la gloria de su majestad. Sobre la roca, había un lugar ideal para que Moisés viera la bondad y la gloria de Dios. La roca de Horeb fue una representación de Cristo, la Roca; el refugio, la salvación y la fortaleza. Felices son los que permanecen sobre esa Roca. La hendidura es un emblema de Cristo, que fue afligido, crucificado, herido y asesinado.[1]

Le hendidura en Horeb, para Moisés, es un símbolo que apunta a Cristo, que es la hendidura fundamental, la Roca eterna, la hendidura para nosotros. Como lo explica Henry Matthew, para Moisés, la hendidura no era solo para su protección. También era el lugar santificado por medio del cual Dios pudo hacer que él vislumbrara su gloria, su majestad. Y así es con Cristo, sobre el que Dios derramó su gloria y majestad para que pudiésemos ver momentáneamente al Todopoderoso y pudiésemos ser protegidos por la abundancia de su provisión.

Cristo es la hendidura, es el protector

Este es el refugio de todas las promesas de Dios: Dios no solamente cumple sus promesas, anhela mantenerlas. Así como en esos castillos de hace mucho tiempo atrás, hechos de piedra y roca, la torre central era llamada «el protector», ya que proveía refugio, un lugar de habitación, una estación central en la que operaba la defensa, cuando eran asediados. Usualmente había un pozo en el centro del protector para que los que estaban allí, no solo pudiesen perdurar sino prosperar.

Este es el refugio de todas las promesas de Dios: Dios no solamente cumple sus promesas, anhela mantenerlas.

En el reino de Dios también existe un protector: Cristo. Qué hermoso es que Dios diseñara una manera para proveernos tal fortaleza a través de la Persona que quebrantamos con nuestro pecado. Cuán apropiado es que la rebelión de los israelitas, la cual ocasionó la destrucción de las tablas de Dios, sea un reflejo del quebrantamiento que le haríamos a su Hijo. Pero muchos años después de esos fracasos, nuestro amoroso y cumplidor Padre, hallaría la forma de protegernos y de respondernos afirmativamente cuando le pidiésemos perdón, protección y un vistazo de su gloria. Ese sí eterno, ese refugio de la promesa, es Cristo.

Al enfrentar algunas desilusiones y desalientos, el apóstol Pablo les recordó a los corintios lo siguiente:

> Todas las promesas que ha hecho Dios son «sí» en Cristo. Así que por medio de Cristo respondemos «amén» para la gloria de Dios. Dios es el que nos mantiene firmes en Cristo, tanto a nosotros como a ustedes. Él nos ungió, nos selló como propiedad suya y puso su Espíritu en nuestro corazón, como garantía de sus promesas. (2 Corintios 1.20–22)

Solo descansa por un momento en la belleza que viene con la frase: «nos selló como propiedad suya». Dios nos reivindicó por medio de Cristo, nos hizo una promesa eterna que no puede romper. Pero no solo nos ha puesto un sello y dejado a un lado como un jarro casi vacío metido en lo profundo de la alacena. No, Dios le ha hecho *muchas* promesas a su pueblo, todas las cuales convergen en Cristo. Así es como lo explica otro comentarista de la Biblia:

> Todas esas promesas están «en» Cristo; ¿Con y en quién más podría ser sino en él, ya que es el único que existía cuando fueron hechas, quien es sempiterno? ¿Con y en quién más deberían ser certeras sino en él, con quien el

> pacto —el cual contiene estas promesas—, fue hecho, y quien se comprometió a cumplirlas? ¿Dónde podrían estar protegidas y seguras sino en él, en las manos en las que se encuentran las personas, la gracia y la gloria de su pueblo? No en Adán, ni en los ángeles, ni en ellas mismas, solo en él... por la sangre de él, el pacto y todas las promesas que se encuentran en él, son ratificados y confirmados, y en él que es la certeza de estas, todas son cumplidas.[2]

¿Pero por qué Dios haría eso? ¿Por qué cuando violamos tantas promesas que le hemos hecho? Hacemos nuestros propios becerros de oro y quebrantamos nuestra palabra, nuestros votos y nuestras promesas a Dios. Decimos que confiamos en Él y que creemos en sus promesas cuando las necesitamos o cuando queremos algo. Pero cuando las cosas no salen como pensamos que deberían o algo malo sucede, llega una tormenta, o nos deja esperando por respuestas como un israelita en el desierto, podemos ser muy infieles. A veces en nuestro dolor o en nuestro pánico, nos olvidamos de Dios, nos olvidamos de sus promesas.

¿Por qué querría Dios protegernos y cumplir las promesas que nos ha hecho, cuando cometemos tantos errores?

La Biblia nos recuerda una verdad que olvidamos muy a menudo, una que brilla tan clara como la luz del día: Porque Dios no puede evitarlo. La fuerza de su justicia y su misericordia, que son sempiternas y que formaron el pacto con nosotros, son el fundamento inmutable sobre el cual sus promesas han sido cimentadas. Dios no cambia, ni las glorias de su persona ni la salvación que diseñó para nosotros. Las promesas de Dios son tan confiables como Él. Porque ellas *son* Él.

Las promesas de Dios son tan confiables como Él.
Porque ellas son *Él.*

Las promesas de Dios no son como las nuestras

Hay una historia en el Antiguo Testamento acerca de un profeta llamado Balán, al cual su burra le habló (Números 22.22–35). Puede ser que Balán sea profeta, pero es pagano y no tiene los intereses de Dios en mente, ni considera las promesas de Dios. A él solo le interesan sus propósitos personales y sus propios beneficios. Hasta la burra de Balán ve que está teniendo problemas, así que cuando Balán empieza a encaminarse en busca de su propio plan, la burra se detiene, se mete en un campo, se arrima contra la pared y le lastima el pie a Balán en un sendero estrecho, hasta se acuesta y rehúsa seguir adelante.

Balán, muy enojado, le pega a la burra; pero esta le dice: *¿No te has montado sobre mí toda tu vida y alguna vez te he hecho algo así? ¿Por qué no vuelves a mirar para ver lo que está pasando aquí?*

Palabras muy sabias: Vuelve a mirar para ver lo que realmente está pasando aquí.

Lo que Balán va a aprender, y lo que le va a decir al pueblo, es lo que realmente está pasando: «Dios no es un simple mortal para mentir y cambiar de parecer» (Números 23.19). Esta no es realmente una declaración de fe por parte de Balán, ya que incluso al final le da más valor a las promesas de los hombres y a sus riquezas, que a las promesas de Dios. Pero Balán no puede hacer más que reconocer lo que es cierto: Dios no puede mentir. Y lo afirma un hombre que, se nos dice, no tiene amor a Dios ni ningún deseo de cambiar sus caminos egoístas. Me gusta el hecho de que estas palabras no provienen de un seguidor de nuestro Padre, sino de un forastero que reconoce lo que Dios es y que este hace lo que dice que va hacer, sin excepción.

Al estudiar la palabra *promesa* en el Antiguo Testamento, me di cuenta de un hecho muy interesante. Las dos palabras hebreas que traducimos al español como «promesa», son *dabar,* que significa «decir», y *omer,* que significa «hablar». En otras palabras, cuando Dios dice algo, cuando Dios habla, es lo mejor que puede suceder. Él hace lo que dice y dice lo que hace. Es como que nosotros, los seres humanos, tuvimos que inventar la palabra *promesa* porque no siempre se puede confiar en lo que hablamos o decimos, así que elevamos la apuesta con una palabra nueva. Pero cuando Dios habla, no puede mentir.

Esta es la piedra fundamental de este libro. Si Dios nos hace una promesa, nunca la ha de romper. Si un profeta pagano puede vivir por este entendimiento, ¿cuánto más podemos nosotros a quien Dios ha restaurado?

Esta es la piedra fundamental de este libro.

Si Dios nos hace una promesa, nunca la ha de romper.

La lucha para confiar en Él

Cuando estaba visitando Escocia en el verano del 2009 para celebrar que mi mamá estaba cumpliendo ochenta años de edad, vi nuevamente que tenemos una innata esperanza en nuestros corazones de que podemos confiar en las promesas que nos hacen, tengamos cinco u ochenta años. Mi mamá es una ama de casa muy esmerada, o como le decimos en Escocia, muy sagaz. Ha vivido con un ingreso fijo y modesto por muchos años y sabe cómo balancear un presupuesto, pero se dejó engañar por varias ventas sistemáticas por correo, simplemente porque le prometían grandes beneficios por las compras que hiciese a través de sus catálogos. Así que su cocina estaba llena de lociones de Holanda para los pies y almendrado de Bélgica. Traté de razonar con ella en cuanto a que yo había visto reportes por televisión exponiendo esas estafas. Sin embargo, esa clase de sospecha estaba fuera de la integridad y el entendimiento de ella. ¿Cómo podía alguien hacer tantas alegaciones osadas sin tener la intención de mantener su palabra?

«¿Cómo pudiesen escribir algo así, en blanco y negro, si no fuese cierto?», preguntaba.

Esta es la lucha que tenemos en la tierra antes de que podamos seguir adelante para recibir las promesas de Dios. Tenemos que separar las promesas que tal vez nunca se cumplan, de las que hace Dios, las cuales nunca podrán ser quebrantadas. Tenemos toda una vida de haber experimentado desilusión, corrupción y exageración en un lado de la balanza y en el otro lado, una promesa simple y profunda: Dios no puede mentir. Nuestra experiencia humana no sincroniza con la verdad divina.

Tenemos que separar las promesas que tal vez nunca se cumplan, de las que hace Dios, las cuales nunca podrán ser quebrantadas.

Me pregunto si se nos hace difícil creer en esto, lo de descansar en las promesas de Dios, porque nos han mentido tantas veces, porque muchas promesas terrenales son quebrantadas. Piensa un momento acerca del ambiente cultural en el cual hemos crecido. Vivimos en un tiempo en el que los que quieren vendernos algo, logran acceso fácilmente a través de la televisión, la radio, el Internet, e incluso nuestros teléfonos celulares. Nos dicen: Si sigues esta dieta, perderás veinte libras en dos días. Si usas esta crema para la cara, te verás veinte años más joven en dos semanas. Si usas este champú, tu cabello será abundante y ondulante, además de brillar y relucir con la brisa.

Nuestra parte sensible sabe que esa clase de promesas no tienen sentido, pero ¿no hay otra parte de nosotros que anhela creer que los milagros realmente pueden suceder? ¿Y no hemos pensado en algún momento: *De seguro esta clase de promesas no se harían si no fuesen verdaderas?*

La cultura nos ha conducido a pensar en las promesas como relativas a la satisfacción personal, pero las promesas de Dios no son respecto de nosotros, sino de Él y de la salvación que nos da. Las promesas de Dios son una expresión de su santidad.

Recuerdo haber estado mirando la televisión una noche con mi hijo, Christian, cuando tenía casi cinco años de edad. Se estaba acercando la Navidad y estábamos enfrentando el aluvión usual de juguetes que «él tenía que tener». Un comercial interrumpió la película de Grinch para vender una nueva caña de pescar para niños que garantizaba que ellos podrían pescar sus presas en cinco minutos o le «devolverían su dinero».

Christian preguntó si podía tener una.

Le dije que a su papá y a mí nos gustaría mucho comprarle una caña de pescar, pero que esa era una habilidad aprendida y que nadie podía prometer que se puede aprender a pescar en cinco minutos.

Nunca olvidaré la forma en que Christian me miró con sus ojos castaños grandes y dijo: «Pero ellos acaban de decir en la televisión que sí se puede. Ellos no mentirían, mamá».

Me conmoví al darme cuenta de que él solo estaba empezando a saber lo que es vivir en una cultura que se basa en decir mentiras sin pedir disculpas. Sin embargo, es mucha la diferencia que hay entre las promesas que hacen los vendedores, las que hacemos entre nosotros, incluso las promesas que nos hacemos a nosotros mismos, y las que nos hace Dios.

Mientras veía, desde mi asiento, a la gente del programa Whoville y la pequeña Cindy Lou Who que estaban comiendo «bestia asada», pensé en cuánto amaba a Christian. En cómo Barry y yo queríamos mantenerlo sano y salvo, verlo feliz y viviendo con propósito y pasión. En cómo nos gusta mirarlo a los ojos y ver una parte de nosotros allí, pero también algo más, algo inigualable, hermoso y sorprendente. Cuánto queremos disfrutar de él para siempre; una nueva capacidad en nuestros corazones que Dios nos otorgó a través de la paternidad, un reflejo del amor de Dios por nosotros. Aunque a veces le rompemos el corazón, Él nos ama y nos dice: «Me puedes hacer añicos como hicieron con mi Palabra en las tablas de piedra. Me puedes dejar hecho pedacitos y todavía te amaré. Todavía me aferraré a ti. Crearé un lugar, una hendidura en la roca para ti, para cuidarte, sobre la cual puedas ponerte de pie y mantenerte firme».

Dios nos protege no solo para darnos un futuro, sino para reflejar su gloria. Él cumple las promesas que nos hace porque no puede evitarlo. No puede mentir ya que está lleno de amor por su creación.

Dios nos protege no solo para darnos un futuro, sino para reflejar su gloria. Él cumple las promesas que nos hace porque no puede evitarlo.

Desde la hendidura de regreso al jardín

Desde el principio, Dios hizo una promesa y un plan. Puedes ver sus promesas desde el jardín del Edén. Cuando Eva desobedeció a Dios, cuando comió la fruta del árbol del conocimiento del bien y del mal, y la compartió con su esposo Adán, perdimos nuestro lugar en el Paraíso. El pecado se convirtió en nuestro patrimonio. Pero Dios, en su gracia y misericordia prometió salvación antes de echar a Adán y a Eva, y a nosotros fuera de ese lugar perfecto donde no hay dolor, ni preocupación, ni tormentas. Génesis 3.14–15 capta el momento:

Dios el Señor dijo entonces a la serpiente:

«Por causa de lo que has hecho,
¡maldita serás entre todos los animales,

tanto domésticos como salvajes!
Te arrastrarás sobre tu vientre,
y comerás polvo todos los días de tu vida.
Pondré enemistad entre tú y la mujer,
y entre tu simiente y la de ella;
su simiente te aplastará la cabeza,
pero tú le morderás el talón».

La promesa fue que la simiente de Adán y Eva le iba a aplastar la cabeza a Satanás y lo iba a destruir para siempre. Satanás le iba a morder el talón a Cristo, esto significa que iba a haber dolor y sufrimiento para el Mesías. Esa simiente es Cristo Jesús. Hoy, la promesa para ti y para mí es que hay un límite para el tiempo en el que el enemigo actuará libremente en esta tierra y que, aun durante ese tiempo y espacio limitados, Cristo mismo va a andar con nosotros.

Cada vez que enfrento un camino difícil en mi vida o en la de una amiga, me recuerdo nuevamente que somos viajeros en este mundo y que vamos de regreso a nuestro verdadero hogar con Dios. Pero encontramos desvíos en nuestra jornada. Desvíos que nos sacan del jardín y nos llevan a la cruz sobre la cima, donde Cristo mismo hizo el sacrificio final para que fuésemos liberados. Así como Cristo fue puesto en una tumba perforada en la roca, se cumplió la promesa de Dios para ti y para mí, de que la muerte iba a ser sorbida en victoria, porque ninguna tumba podría detenerlo.

Nunca olvidaré la noche cuando estuve en las Cairngorms, cómo caminé en medio de la oscuridad hacia la hendidura de la roca y cómo encontré un lugar de refugio. Cada uno de nosotros estamos invitados a encontrar un lugar donde escondernos en Dios, donde refugiarnos de las peores tormentas de nuestras vidas. Dios le proveyó a Moisés un lugar de refugio, no en un momento de triunfo, sino cuando su corazón había sido quebrantado por la infidelidad de las personas que lo rodeaban. Cuando la gente falló, la gloria de Dios hizo que la cara de Moisés brillara, al reiterar Él sus promesas una vez más. Nuestra infidelidad no hace que la fidelidad de Dios disminuya. Nuestras vidas pueden aferrarse a todo lo que Dios diga ya que Cristo vino a enseñarnos quién es nuestro Padre. En Cristo, todas las promesas de Dios son cumplidas, porque no importa cuántas promesas haya hecho Dios, estas son «sí» en Él (2 Corintios 1.20).

Nuestras vidas pueden aferrarse a todo lo que Dios diga.

¿No es eso hermoso? ¿No es esto tan misteriosamente complicado y a la vez tan sencillo? ¿No es usual que Dios siempre recurra a la manera más elemental de hacer las cosas? En su creación, hay oscuridad y hay luz. Hay un principio y un final, hay cielos y tierra, agua y roca, cuerpo y sangre, tu corazón quebrantado y el de Él.

Normalmente dudamos si el hacedor de promesas las ha de cumplir cuando todo esté completo. Pero el testimonio de la expiación sustituta de Jesús es que Dios cumplió la promesa más difícil. El Padre es realmente el único Hacedor de promesas que cumple seriamente con ellas. Una promesa de Dios es una promesa cumplida.

Sus promesas van de la mano con su inquebrantable compromiso para cumplirlas.

Las promesas en Cristo son sí.

2

Provisión

No tengo suficiente

La promesa

Así que mi Dios les proveerá de todo lo que necesiten, conforme a las gloriosas riquezas que tiene en Cristo Jesús.

—Filipenses 4.19

Christian estaba a punto de cumplir sus cuatro años de edad, y su papá y yo estábamos totalmente concentrados en eso, planeando su fiesta de cumpleaños. Como mencioné, William, mi suegro, había estado viviendo con nosotros desde que su esposa falleció el año anterior, así que él también se había involucrado completamente en esa fiesta de cumpleaños. Queríamos celebrar con Christian y que supiera cuánto lo amábamos. ¿Cómo mostrarle toda una vida de amor en un momento, en un día? Estábamos pensando en eso sentados a la mesa, cada uno con una copia de una revista para el cuidado de los hijos, abierta en la sección de los clasificados.

—¿Qué les parece un payaso? —sugirió William.

—Sería bueno —dije— pero a veces los payasos asustan un poco a los niños más pequeños.

—Pienso que a él le gustaría uno de esos castillos inflables para saltar —dijo Barry.

—Sí, son divertidos —coincidí—. También he escuchado cosas muy buenas acerca de ese hombre que viene del zoológico con una selección de animales pequeños y les enseña a los niños sobre ellos.

—¿Qué tan pequeños son? —preguntó Barry.

—Bueno... como mapaches, lagartos y culebras pequeñas —dije.

—¡Culebras! —dijo William temblando—. Ah, cómo las odio.

—¿Qué les parece esto? —Barry alzó una revista tenía abierta en la página donde estaba una foto con dos llamas.

—¿Qué es lo que hacen? —preguntó William.

—Llevan a los niños de paseo, tal y como cuando ellos montan a los caballitos, pero en este caso montan llamas, me imagino —contestó Barry.

—Me gusta eso —dije yo.

Finalmente llegamos a seis posibilidades. Barry dijo que preguntaría y vería qué habría disponible para la fecha que queríamos, y averiguaría el costo. Envié las invitaciones, ordené el pastel de cumpleaños y oré para que ese fuese un día soleado. Al acercarse la fecha, le pregunté a Barry cuál fue la opción de entretenimiento que escogió.

«Ah», dijo. «Va a ser una sorpresa».

La frase «Gálatas torpes» me vino a la mente mientras me preguntaba por qué no estaba haciendo más preguntas y qué sería lo que Barry iba a escoger de todas aquellas opciones extravagantes, pero decidí ignorarlo todo.

Así que el cuarto cumpleaños de Christian llegó y el sol de la mañana parecía decir que todo iba a salir perfecto. La fiesta estaba planeada para durar desde las dos hasta las cinco de la tarde. A la una y media una camioneta se estacionó en nuestra entrada. El letrero que tenía a un lado decía: Inflables para fiestas.

«Qué buena decisión tomaste, Barry», dije yo. «¡A Christian le va a fascinar esto!»

Barry se veía un poco confundido. Pensé en la inminente estampida de niños de cuatro años de edad que estaba a punto de allanar nuestro césped. Christian corrió alrededor del patio con mucho entusiasmo al ver que el castillo gigante se estaba inflando. William se puso al frente de la puerta principal para darles la bienvenida a nuestros invitados y yo llevaba a los niños con sus madres al patio trasero.

«¡Sheila!»

Escuché que William me llamó con un poco de preocupación, por lo que fui corriendo a la puerta principal. Él señaló hacia el camino de entrada al lugar en donde dos jovencitas estaban de pie agarrando las riendas de tres caballitos. Otra jovencita estaba sobre el umbral.

«¡Hola!», dije. «¿Son para la fiesta de la familia Walsh?»

Ella me aseguró que sí y las llevé por un lado de la casa hasta llegar al patio trasero. Christian y sus amiguitos estaban emocionados e hicieron una fila para tomar turnos y montar los animales.

Bueno, así que Barry reservó el castillo y los caballitos, pensé. *Eso es divertido porque no se cumplen cuatro años todos los días.*

«¡Sheila!»

Regresé a la puerta principal a tiempo para ver a Crackles el payaso con una peluca roja. Una nariz grande y roja, y un claxon ruidoso que anunciaba su llegada con tres cortos pero profundos pitidos.

«¿Estás aquí para la fiesta de la familia Walsh?», le pregunté con incredulidad.

Ella respondió con un bocinazo ensordecedor.

Decidí que ese sería el momento oportuno para preguntarle a Barry por qué era que la mitad de los planificadores de fiestas infantiles de Nashville se habían estacionado aquí en nuestra casa, pero no tuve oportunidad de hacerlo.

«¡Sheila!»

Casi temía contestar al llamado. William estaba de pie en la puerta principal y parecía como si una camioneta lo hubiese atropellado, mientras Jim de la jungla empezó a descargar su colección de animales pequeños del zoológico. Antes de que tuviera la oportunidad de hacerle la pregunta obligatoria, Penélope, la pinta caritas, llegó.

Ahora oficialmente teníamos un circo.

Me gustaría decirte que la locura se detuvo allí, pero hubo una sorpresa más. Todos los niños habían tomado turnos montando a los caballitos y estaban pintados con todos los colores habidos y por haber. Habían brincado hasta más no poder, se habían reído de los chistes sumamente malos que hizo el payaso, y ahora estaban sentados en un semicírculo sobre el piso en la sala para escuchar a Jim de la jungla.

Para ese momento, ya William se había acostado y estaba tranquilamente hablando solo. Escuché el timbre y pensé seriamente: *Nunca más voy a abrir esa puerta*. Le di vuelta a la perilla de la puerta nerviosamente y miré por la pequeña abertura. Me saludó un hombre muy peludo que me pidió disculpas por haber llegado tarde. Detrás de él estaban dos llamas enormes.

Cuando los niños empezaron a irse, uno tras otro decían que esa fue la mejor fiesta a la cual habían asistido en la vida.

Las madres no se veían muy emocionadas. «¿Qué es lo que se supone que vamos a hacer ahora para nuestras fiestas?», preguntó una de ellas. «¿Reservar un transbordador espacial?»

Murmuré que le había dejado todo a Barry, el libro de Gálatas, y que estaba segura de que nunca más íbamos a tener una fiesta. Muy dentro de mí, sabía el temor que tenían en cuanto a no querer desilusionar a sus hijos con las fiestas que hiciesen o que estas no fuesen «suficientes». ¡Si solo supieran que ahora estábamos oficialmente en bancarrota!

Cuando cada una de las criaturas fueron recogidas, incluyendo la serpiente pitón albina que medía dos metros de largo (la cual, a propósito, estaba alrededor de mi cuello como una bufanda asesina), y cada claxon había sido silenciado, encontré a Barry sentado en la sala con la cabeza entre sus manos.

—¡Qué fue todo eso? —pregunté—. Acabamos de tener dieciséis criaturas en nuestra casa, ¡y sin contar al payaso!

—Esa no fue mi intención —dijo.

—¿A qué te refieres? —pregunté—. ¿Todos ellos ofrecieron sus servicios voluntariamente?

—Bueno —dijo Barry, viéndose aturdido—. Les pedí a todos que apartaran la fecha hasta que yo decidiera cuál quería y se me olvidó llamar a los otros cuando tomé la decisión.

—Así que ¿por cuál te habías decidido? —pregunté.

—Por las llamas —contestó—. Solamente las llamas.

Nos miramos uno al otro y nos reímos tanto que quedamos en el piso.

—Bueno, ninguna de las madres me quiere hablar —dije—, ¡pero Christian definitivamente tuvo una fiesta fenomenal!

La promesa de proveer

En el cuarto cumpleaños de Christian, mi pequeña familia tuvo demasiado que ofrecer, pero han habido tiempos en que temíamos que no tendríamos suficiente: suficiente dinero, tiempo, energía, atención, suficientes muestras de amor, misericordia y cuidado.

¿No has estado allí alguna vez, en ese lugar de preocupación, aflicción y temor, cuando las provisiones que necesitas no están a la mano y no están llegando? O quizás has estado en ese lugar donde hay un circo alrededor tuyo, con toda clase de cosas dirigidas hacia ti, solo que no es lo que realmente necesitas. Te pierdes en una pila de cuentas por pagar, abrumada con todo lo que tienes que hacer y sin tener suficientes recursos para satisfacer las necesidades. Las exigencias de la vida pueden ser abrumadoras cuando ves lo que tienes y lo comparas con lo que necesitas. Puedes quedarte pensando: *¿Me escuchará Dios? ¿Ve lo que está sucediendo? ¿Acaso va a arreglar las cosas?*

¿Dónde está la esperanza de esa promesa que yace en Filipenses 4.19: «Mi Dios les proveerá de todo lo que necesiten»? ¿Y cómo puedes vivir seguro de esa promesa?

Suena muy fácil después de todo, cuando alguien dice: «Solo cree en las promesas de Dios».

Pablo le está escribiendo esas promesas desde Roma a una de sus iglesias favoritas, mientras se encontraba bajo arresto domiciliario. La iglesia en Filipos envió a Epafrodito, un hermano amado, para alentar a Pablo en su prisión. Ahora Pablo les agradece la amabilidad y el apoyo monetario durante ese tiempo de necesidad. Se le levanta el ánimo y responde con una oración sincera para bendecirlos. Esta es una oración que sale de un corazón lleno de amor pidiendo que a ellos se les dé lo que él tiene.

Pablo dice en Filipenses 4.18 que él tiene «hasta de sobra», lo cual significa «lleno hasta el tope» o «abastecido hasta el punto que desborde». Esto es lo que él ora en cuanto a ellos cuando dice: «Mi Dios les proveerá de todo lo que necesiten». No va a haber escasez de lo que realmente se necesita. Ten en cuenta que Pablo no hace mención de sus deseos. Al final de esta declaración dice: «conforme a las gloriosas riquezas que tiene en Cristo Jesús» (v.19). Algunos piensan que esto se refiere a las recompensas en el cielo, pero es más probable que se refiera a las necesidades espirituales satisfechas al máximo, acorde al poder que se le ha otorgado a Jesús. «Riquezas» se refiere a la abundancia de la provisión de Cristo. «Gloria» habla de la plenitud de su poder. Lo que está diciendo es que Dios es fiel y que no va a desilusionarnos. Su provisión va a ser de acuerdo a la abundancia de su misericordia comprobada en Jesucristo. Él cuida a los suyos.

Nuestro temor es que se nos acaben las cosas o que no tengamos lo que necesitemos cuando pasemos por tiempos difíciles. El temor proviene de la creencia profunda de que indudablemente llegarán tiempos insoportables y que vamos a tener grandes necesidades insatisfechas.

La promesa es que Dios conoce nuestras necesidades y ha demostrado que provee más abundantemente de lo que podemos imaginar. La manifestación clara que tenemos es la gracia abundante del regalo de Cristo, su vida por nosotros. ¿Cómo no confiar en tal provisión?

Provisión significa que Dios va a proveer lo que necesitamos mucho más de lo que podríamos imaginar.

No sé la situación en que te encuentras hoy o cuáles son tus necesidades específicas, sean financieras, relacionales, espirituales o si anhelas sanidad. Quizá tengas necesidades en cada una de estas áreas. La necesidad de cuidarnos está profundamente dentro de nosotros. Y cuando no podemos o cuando una gran necesidad sobrepasa nuestra habilidad para controlar la situación, el temor y la desesperación que se manifiestan pueden ser brutales. El temor y la fuerza de tal necesidad pueden volverse contra ti como una bestia hambrienta que amenaza con comerte vivo.

Es un sentimiento con el cual Jesús está familiarizado.

Jesús conoce tus necesidades

Es el principio del tercer año del ministerio de Jesús y los discípulos lo habían acompañado a través de unas situaciones difíciles. Habían escuchado su enseñanza con autoridad, habían visto su amor por personas insólitas, y habían sido testigos de muchos milagros, por cómo proveyó un vino exquisito al final de una boda y sanidad para la suegra de Pedro. Habían visto cada movimiento que hacía y ahora habían sido enviados por su propia cuenta:

> Reunió a los doce, y comenzó a enviarlos de dos en dos, dándoles autoridad sobre los espíritus malignos. Les ordenó que no llevaran nada para el camino, ni pan, ni bolsa, ni dinero en el cinturón, sino solo un bastón. «Lleven sandalias —dijo—, pero no dos mudas de ropa.» Y añadió: «Cuando entren en una casa, quédense allí hasta que salgan del pueblo. Y si en algún lugar no los reciben bien o no los escuchan, al salir de allí sacúdanse el polvo de los pies, como un testimonio contra ellos.» Los doce salieron y exhortaban a la gente a que se arrepintiera. También expulsaban a muchos demonios y

> sanaban a muchos enfermos, ungiéndolos con aceite. (Marcos 6.7–13)

Los discípulos quedaron maravillados con las instrucciones de Jesús. Tal vez no tanto con la primera: que fueran en dos. Ellos sabían que la ley judía (Deuteronomio 17.6) requería al menos dos testigos para verificar una historia; probablemente se sentían cómodos tanto de tener un compañero para el camino como de no estar solos. Pero ¿las otras instrucciones? Esas causan más preocupación: Lleven muy poco, ni dinero ni comida, solo un bastón, presumiblemente para ahuyentar a las bestias (¡Debían haber ido a la fiesta de Christian!). Aceptar el primer lugar que le ofrecieran y que se quedaran allí hasta que terminasen en esa ciudad, sin tratar de mejorar el alojamiento. *¿Qué es lo que esperaba Jesús? ¿Qué pidieran pan al pasar por los pueblos?*

Más desconcertante es que los discípulos son enviados por Cristo a expulsar demonios y a sanar a los enfermos. La palabra hebrea usada aquí para «enviar» es *apostellein*, la cual indica representación oficial. Los discípulos son enviados en el nombre de Jesús, con su autoridad y poder, embajadores santos para representar su mensaje y hacer milagros. Ahora, esa es una responsabilidad. Si un pueblo los recibe, Jesús dice que lo recibe a Él. Si no, ese pueblo está bajo el juicio de Dios por haber rechazado a Jesús. Donde encuentren rechazo, añadió, sacúdanse el polvo de los sandalias al salir, la cual era una práctica común para los judíos cuando se iban de un área donde estaban los gentiles, pero era la primera vez que lo hacían al salir de los hogares de sus prójimos, los judíos. Sacudirse el polvo al irse sorprendería a cualquiera de los judíos que viera eso, porque en efecto les diría que se estaban comportando como paganos.

Así que las instrucciones mismas eran un poco sobrecogedoras, pero ¿la misión? ¡Abrumadora! Para los discípulos, una cosa es ver a Jesús realizar milagros extraordinarios y otra completamente diferente es ser comisionados a hacer lo mismo.

Una cosa es ver a Jesús realizar milagros extraordinarios y otra completamente diferente es ser comisionados a hacer lo mismo.

¿Cómo te hubieras sentido? Imagínate ver a Jesús convertir el agua en vino en una boda, sanar a los cojos y a los ciegos, y restaurar a un hombre que tenía lepra y otro que tenía una mano paralizada. Entonces te envía en su nombre para que hagas las mismas cosas. Solo me puedo imaginar lo que estaba pasando por las mentes y los corazones de los discípulos. Yo le estaría diciendo a mi compañero: «Tú primero. No, de verdad, dale tú. Tienes un talento natural. ¡Ataca tú las enfermedades grandes y yo ataco los catarros!»

La experiencia debió haber sido maravillosa para los discípulos al ver que Dios estaba usando sus vidas para hacer cosas que habían visto a Jesús hacer: sanar enfermos, expulsar demonios, llamar a muchos al arrepentimiento. Qué diferente de los trabajos que tenían antes: sacando peces del mar, cobrando impuestos, cuidando ovejas. Qué momento más emocionante al reunirse todos con Jesús: «Los apóstoles se reunieron con Jesús y le contaron lo que habían hecho y enseñado. Y como no tenían tiempo ni para comer, pues era tanta la gente que iba y venía, Jesús les dijo: Vengan conmigo ustedes solos a un lugar tranquilo y descansen un poco» (Marcos 6.30–31).

Me imagino cómo eran sus conversaciones en privado, el grupo escapándose, ansiosos por contar todo lo que sucedió. Casi puedo escucharlos interrumpiéndose uno al otro con emoción para contar lo que habían experimentado. *Cuéntales Pedro, acerca del mensaje que diste en ese pueblo. Tú sabes, cuando la familia entera se arrepintió y el papá estaba enfermo y quedó sano. ¡Fue maravilloso! Ah, pero espera a que oigas lo que sucedió en el lugar menos inesperado.*

Jesús debió haber estado muy conmovido y emocionado por sus amigos, pero sabemos que también estaba luchando con un dolor profundo. Su corazón estaba quebrantado por las noticias que acababa de recibir acerca de que a Juan el Bautista lo habían decapitado, porque se nos ha dicho que, no solamente fueron sus amigos los que le trajeron buenas noticias sobre milagros y arrepentimiento, sino que los discípulos de Juan le contaron a Cristo acerca del asesinato horripilante: «Luego llegaron los discípulos de Juan, recogieron el cuerpo y le dieron sepultura. Después fueron y avisaron a Jesús» (Mateo 14.12).

Herodes Antipas, gobernador de los judíos, había escuchado acerca de las cosas que los discípulos estaban haciendo en el nombre de Jesús, por lo que estaba horrorizado. Él había respetado a Juan en privado y hasta lo escuchó predicar. Por otra parte, su esposa Herodías odiaba a Juan el Bautista. No es de extrañarse. Juan había criticado públicamente su matrimonio con Herodes, el cual se había divorciado de su esposa anterior para casarse con ella, que era la esposa de su hermanastro. Para complacer a Herodías, Herodes arrestó a Juan pero «lo protegía, pues sabía que era un hombre justo y santo» (Marcos 6.20). No obstante, Herodías le hizo trampa a su esposo, durante su fiesta de cumpleaños. Hizo que su hija danzara de tal manera que todos los hombres que estaban en el banquete se volvieron locos. En un acto de buen humor a causa de la embriaguez, Herodes le ofreció la mitad de su reino a la muchacha. Pero cuando rechazó el reino y le pidió la cabeza de Juan el Bautista en una bandeja, Herodes se dio cuenta de que fue emboscado. Como dio su palabra durante la fiesta y la multitud lo miró a ver que hacía, envió a un verdugo a la celda de Juan con la instrucción de matar al Bautista y traerle la cabeza en una bandeja a la multitud embriagada.

Horas después de la macabra escena, Herodes quedó más perturbado. Los discípulos vinieron y le rogaron que les entregara el cuerpo de Juan para darle sepultura, y con ellos vino palabra de las cosas extraordinarias que habían estado haciendo en el nombre de Jesús. Herodes estaba convencido de que el hombre a quien había ejecutado en contra de su buen juicio, ahora había regresado para acosarlo: «Herodes el tetrarca se enteró de todo lo que estaba sucediendo. Estaba perplejo porque algunos decían que Juan había resucitado» (Lucas 9.7).

Los discípulos también debieron haber estado perturbados. Juan había dado su vida para prepararle el camino a Jesús y terminó de una manera barbárica frente a una multitud ebria. ¿Dónde estaba Dios? ¿Qué pasó con su promesa de proveer cuidado y protección?

La provisión no implica perfección

Jesús nos enseña una lección importante acerca de la promesa divina de proveer para nosotros, pero no en un sermón con palabras. Al contrario, nos la muestra con su propia vida, con su amor y su dolor. Jesús está apesadumbrado, tanto que quiere alejarse de todo.

Apenas escuchó las noticias acerca de la muerte de Juan, Jesús entristeció. Vemos que se le bajó el ánimo. Él ve a sus discípulos, exhaustos por su primera misión y sabe que es tiempo de descansar. Las promesas de

Dios parecen difuminadas y distantes. Las cosas se ven poco prometedoras. Todos necesitan perspectiva. Marcos 6.32 nos dice sencillamente que: «Así que se fueron solos en la barca a un lugar solitario».

¿Ves cómo Jesús suple nuestras necesidades? ¿Cómo suplió las de los discípulos? Hay momentos en que las palabras no ayudan, cuando los amigos no pueden sentir nuestro dolor. Nuestra necesidad profunda es alejarnos con Cristo, como Thomas Hardy que titula su libro: *Lejos del mundanal ruido.*

Él entiende el temor, la fatiga, el desaliento y la desilusión. Lo que sea que estés enfrentando, Jesús lo entiende. Él sabe que el quebrantamiento a causa de la preocupación y la angustia cotidiana en cuanto a la provisión, protección y cuidado, puede consumir a una persona. Él entiende el dolor cuando parece que Dios no está cumpliendo con su parte. Él entiende que ese dolor puede ser drástico, como cuando se pierde a un amigo, o más diariamente cuando la alacena está vacía y todavía quedan un par de semanas antes del día de pago. O cuando una visita inesperada al doctor te deja con una cuenta más grande que tu ingreso de seis meses. O cuando las amistades se aparecen en tu puerta necesitando alojamiento por una noche y solo tienes cierta cantidad de camas. O hasta puede ser tan frustrante como cuando tu hijo te dice, durante el desayuno, que tiene que llevar dos docenas de galletas horneadas a la escuela esa misma mañana.

Cada uno de nosotros puede llegar al punto en que estamos agotados de pensar en cómo Dios va a proveernos. Pero cuando estamos en las últimas y ya no podemos más, Jesús, nuestra Hendidura en la roca, nos llama. *Ven y aléjate conmigo*, dice Él, *encuentra un lugar tranquilo conmigo. Descansa aquí conmigo.*

Cuando estamos en las últimas y ya no podemos más,

Jesús, nuestra Hendidura en la roca, nos llama.

Ven y aléjate conmigo.

¿Puedes imaginarte una llamada más afectuosa entre el caos y las exigencias que hace la vida, que la de escaparte de todo eso con Jesús, con Dios? Me pregunto si será esta una razón por la cual cada uno de los evangelios, hasta el de Juan —el cual no incluye la historia de la decapitación de Juan el Bautista—, habla acerca del retiro de Jesús. Tal y como cuando estaba angustiado que buscó tiempo con su Padre, nosotros podemos buscar refugio de las exigencias a nuestros cuerpos, mentes y espíritus con Él.

Hasta los testigos que estaban alrededor de Jesús y sus discípulos, durante el tiempo en que su necesidad era grande, vieron eso. Y los siguieron.

Mira lo que va a hacer

Mientras que Jesús y los discípulos se preparaban para ir en la barca hacia un lugar solitario cerca del pueblo de Betsaida, la multitud corrió a lo largo de la costa. Ellos estaban observando a Jesús y cuando vieron la dirección en que se dirigía su barca, corrieron más rápido y se le adelantaron. Aunque Jesús estaba dirigiéndose a un lugar desolado, la multitud que lo persigue llena la costa para el tiempo en que llega la barca.

Marcos 6.34 nos dice que cuando Jesús vio a las personas en la costa, tuvo compasión de ellas. Él no ve a una multitud cansada, necesitada y clamando, sino a ovejas sin pastor. Ovejas hambrientas. Ovejas que en unas cuantas horas van a estar quejándose por querer algo de comer. Así que por ahora el Cordero de Dios se sienta con la gente. Está conmovido pero aun así rebosa de amor, agotado sin embargo listo para verter su corazón quebrantado, su propio ser como el pan espiritual que la gente ansía tener. Empieza a enseñar y alimenta a las almas hambrientas.

Los discípulos están asombrados. Saben que Jesús está cansado y triste por las noticias acerca de la muerte de Juan. El aguijón del asesinato de Juan el Bautista todavía es reciente para ellos también. Cuando empieza a ponerse el sol, le ruegan a Jesús que termine de enseñar y despida a la gente. Los discípulos también están cansados y hambrientos.

Cada uno de los escritores de los evangelios nos habla del milagro que Jesús hizo al darles de comer a una multitud de cinco mil personas sobre una ladera, con dos peces y cinco panes de cebada.

Después de todo, ese milagro es el único, aparte de la resurrección, que es incluido en cada uno de los cuatro evangelios. Solamente ese hecho me hace acercarme más y preguntar: ¿qué es tan importante aquí para que los escritores de cada evangelio lo incluya, dejando fuera otros milagros, de narración a narración? ¿Y por qué cada escritor enfatiza diferentes detalles particulares?

Mateo, por ejemplo, nos da una versión corta y condensada de los eventos (14.13–21). Lucas excepcionalmente registra que el acontecimiento sucedió en la región de Betsaida (9.10–17); los otros autores de los evangelios no identifican el lugar. Marcos nos explica que cuando Jesús siente compasión por la multitud en la ladera, es como la que tiene un pastor por sus ovejas (6.33–44). Juan añade un sermón que Jesús expuso después de los hechos en la ladera, para explicar cómo es que Él es el pan de vida (6.1–14).

Juntas, estas narraciones parecen decir: *Esto es más que el relato de un milagro. Es un mensaje innegable sobre lo que es Cristo y qué es lo que puede hacer.* También hay indicios acerca de lo que Jesús espera de nosotros y un desafío a nosotros en cuanto a concentrarnos en lo que tenemos o no tenemos, y en cuanto a traerle tanto nuestra bendición como nuestra necesidad. Todas esas cosas residen en cuán humano llegó a ser Jesús y en lo mucho que entiende acerca de nuestras necesidades.

Te puedes imaginar cómo se habrán sentido los discípulos, si alguna vez has estado en ese lugar en donde tus niños, a quien amas mucho, te piden una cosa más. ¿Te molestarías mucho, verdad? O si alguna vez has querido aventar el despertador al otro lado del cuarto hasta que quedara destrozado porque no puedes enfrentar el hecho de pensar en todo lo que tienes que hacer ese día. O si alguna vez has estado en la oficina de un doctor, pensando: *Si escucho otra noticia mala, me voy.* O si alguna vez te han pedido que hagas algo que sabes sin duda alguna que simplemente no tienes lo que se necesita.

Este es el punto en el que Felipe pudiese haber estado, porque cuando Jesús le pregunta: ¿Dónde vamos a comprar pan para que coma esta gente? (Juan 6.5) Felipe le da una respuesta exasperada: *¡No hay suficiente!*, le dice a Jesús. *No hay forma de que tengamos suficiente. Ni con el salario de ocho meses podríamos comprar suficiente pan como para que cada persona aquí tuviese un poquito para comer.* Puedes escuchar a Felipe pensando: ¿entiendes Señor? ¿Realmente entiendes lo que se está necesitando aquí?

Pobre Felipe. Pobre de nosotros. Muy a menudo cuando enfrentamos necesidad, no vemos, como dice en Juan 6.6, que Jesús ya sabe qué es lo que va hacer. Dios ya tiene un plan para cumplir su promesa y proveer.

La promesa de lo que es posible

Las Escrituras nos dicen que esta parte de una prueba. Jesús nos envía afuera para que nos paremos sobre las promesas de Dios y nos retiremos con Él cuando nos sintamos desanimados, pero luego tenemos que salir otra vez. ¿Podemos confiar en lo que promete hacer contra viento y marea, con cena o sin cena? ¿Entendemos que en cuanto se refiere a provisión, no podemos hacer nada de todas maneras? ¿Que solamente en el nombre de Jesús y al descansar en Él, nuestro refugio, tenemos algo sobre qué pararnos, y que desde ese lugar todo es posible?

Jesús nos envía afuera para que nos paremos sobre las promesas de Dios y nos retiremos con Él cuando nos sintamos desanimados, pero luego tenemos que salir otra vez.

No solo Felipe, sino que cada uno de los discípulos y una multitud entera están a punto de darse cuenta. A propósito, el tamaño de la multitud es extraordinario. Los evangelios nos dicen que hay cinco mil hombres, y si añades a las esposas y a los niños, a las viudas y a las mujeres solteras, estamos frente a una multitud de al menos diez mil personas. ¿Cómo es posible que los discípulos, que no tenían comida, ni siquiera un paquete de chicle, por así decirlo, provean para toda esa gente? El hecho es que no pueden y ese es el punto. Dios está a punto de hacer lo que solo Él puede hacer.

Los discípulos miraron a Jesús con incredulidad, mientras les pregunta: ¿Cuántos panes tienen? Ellos deben haberse sentido escépticos cuando añadió: «Vayan y vean» (Marcos 6.38).

He tenido esos momentos. A menudo me siento abrumada por lo que no tengo más que por lo que Cristo me ha dado. Veo eso en mi propia vida, pero lo veo poderosamente ilustrado muchos domingos en mi iglesia por medio de Neal Jeffrey, nuestro ministro asociado.

Neal, que fue un mariscal de campo muy destacado en la Universidad de Baylor y jugador profesional de fútbol como mariscal de campo con la NFL para los San Diego Chargers, ha sido tartamudo desde su niñez. Cuando escribió su primer libro: *If I can, Y-Y-You Can!* [Si yo puedo, ¡T-T-Tú puedes!], recibí una copia del manuscrito para leerla. Fui profundamente conmovida por la sinceridad y vulnerabilidad de Neal. Él sabía que Dios lo había llamado a predicar, pero eso parecía ser imposible para un hombre tartamudo. Sobre la decisión que cambió todo, Neal escribe:

> Finalmente un día me di cuenta de que ya no podía decirle no a lo que Dios me estaba llamando a hacer. Así que decidí: «¡Voy a ponerme de pie y empezar a hablar aunque toda la gente se ría de mí. Tengo algo que decir y voy a empezar a decirlo!»
>
> ¿Sabes qué fue lo que pasó cuando tomé esa decisión? ¡Mi vida entera cambió! No porque dejé de tartamudear, sino porque no paré. Mi vida cambió cuando mi actitud hacia mi tartamudez cambió.
>
> Es sobre mi respuesta al llamado que Dios me hizo a dar todo lo que podía dar para ser todo lo que podía ser.[1]

Qué gran lección, una que ni siquiera los discípulos pueden aprender hasta que también respondan al llamado que Dios les ha hecho. Ellos tienen que emprender la tarea un poco vergonzosa de tratar de encontrar en medio de esa gran multitud a alguien que tenga comida guardada en alguna parte. Es Juan el que nos da los detalles que los otros tres escritores obviaron, como dice otro de los discípulos, Andrés, el hermano de Simón Pedro: «Aquí hay un muchacho que tiene cinco panes de cebada y dos pescados pequeños, pero ¿qué es esto para tanta gente?» (Juan 6.9)

Estoy segura de que yo hubiese hecho la misma pregunta que hizo Andrés. De entre toda esa vasta multitud de personas, todo lo que le pudo enseñar a Jesús fue el almuerzo de un niño. Lo que Andrés y los discípulos aprendieron, y lo que yo también estoy aprendiendo, es que lo importante del asunto no es de qué manera van a ser distribuidas las provisiones. Lo importante es: ¿En qué manos van a estar?

Jesús se está preparando para asombrar a todos con la respuesta de Dios. Jesús toma los panes baratos y los pescados diminutos, comida de gente pobre. Marcos 6.41 nos dice que: «Jesús tomó los cinco panes y los dos pescados y, mirando al cielo, los bendijo. Luego partió los panes y se los dio a los discípulos para que se los repartieran a la gente. También repartió los dos pescados entre todos».

La palabra griega usada aquí para bendición es *eulogeo,* de la cual conseguimos nuestra palabra en español *elogiar,* que significa: «Alabar y hablar bien de». Cuando los judíos oraban antes de comer, lo veían como una oportunidad para alabar a Dios, no solo por la comida que tenían enfrente, sino también por lo que Él es. Así que no oraban: «Que el Señor haga que seamos agradecidos por los alimentos que vamos a comer». Su oración tradicional era: «Bendito eres, Señor nuestro Dios, Rey del mundo, el cual ha hecho que la tierra nos dé pan».

La oración por provisión dice mucho acerca de nosotros, según el doctor Ralph F. Wilson. En un artículo en la web llamado: «Don't Ask the Blessing, Offer One» [No pidas la bendición, ofrece una], él comenta:

> ¿Cómo fue que nosotros los cristianos quedamos bendiciendo la comida en vez de a Dios? ¿Tradición? ¿Hábito? Parte de la confusión habrá venido a través de una mala traducción del versículo que acabo de citar. En la versión Reina Valera 1995, Mateo 26.26 dice: «Mientras comían, tomó Jesús el pan, lo bendijo, lo partió y dio a sus discípulos, diciendo: Tomad, comed; esto es mi cuerpo». ¿Notas cómo es que la pequeña palabra «lo», fue añadida antes de la palabra «bendijo»? La palabra «lo» no es parte del texto griego. Pero decir «lo bendijo» insinúa algo completamente diferente que decir «bendijo a Dios». Esa adición de una palabra pequeñita puede haber tergiversado la forma en que oramos antes de la comida, de una manera en la que Jesús nunca tuvo la intención de hacer.[2]

¡Yo no sabía eso! Pero esto tiene mucho sentido, ¿verdad? ¿Por qué le pedimos a Dios que bendiga la comida, cuando ha sido bendecida por su provisión? ¡Es a Dios al que bendecimos!

Así que Jesús bendice a Dios, parte la comida y se la da a los discípulos para que se la distribuyan a la multitud. Y cuando toda la gente comió cuanto quería, los discípulos recogieron todo lo que sobró en doce canastas. La palabra griega usada aquí para «canastas» es kophinos que significa: «Una canasta bien grande para llevar cosas». Es la misma palabra usada para las canastas que los soldados empleaban para llevar sus pertrechos.

En otras palabras, hay bastantes sobras.

Dios siempre da más

Me pregunto cuántas veces habrán tenido los discípulos que regresar a Jesús para conseguir más mientras distribuían la comida entre esa multitud. Piénsalo. Solo eran doce de ellos y quizá diez mil personas. Así que regresan una y otra y otra vez para volver a llenar sus canastas, y me imagino que cada vez captaban un poco más el mensaje:

Jesús puede suplir más de lo que jamás vayas a necesitar.
Jesús puede suplir más de lo que jamás vayas a necesitar.
Jesús puede suplir más de lo que jamás vayas a necesitar.

Con cada uno de esos recordatorios, pienso en los detalles de esta historia: Jesús no hace suficiente para cada persona, sino mucho más que suficiente. Él no escoge a un maestro de cocina o a un gran distribuidor de comida del día, sino a un niño pobre y su pequeño almuerzo. En donde algunas personas no son valoradas o hasta abandonadas e ignoradas, como las mujeres y los niños ese día en la ladera (como se nota por el hecho de que solo los hombres fueron contados), Jesús los usa para sus milagros y provee para ellos de todas maneras. Después de todo, Dios tiene a Jesús no solo encargándose de nuestras necesidades inmediatas, sino también de nuestras necesidades esenciales: nuestro conocimiento de que en Cristo tenemos pertenencia y propósito, importancia y valor.

Entonces Cristo nos muestra cómo acordarnos de eso. Después de que toda la multitud fue alimentada, las necesidades inmediatas fueron satisfechas, Él se retira una vez más. Él nos muestra que hasta el Hijo necesita a su Padre para descanso, restauración, para la gloria, refugio y providencia de Dios.

Así que entonces Jesús, exhausto, se va a las montañas para estar a solas con Dios.

Mientras tanto, los discípulos regresan a la barca y empiezan a navegar hacia Capernaúm. Ellos están cansados por todo lo que han pasado: Pruebas y maravillas en el sendero del ministerio, temor y angustia por la muerte de su amigo Juan el Bautista, estrés por la multitud que los perseguía, asombro por otro milagro que hizo Jesús, agotamiento físico por la distribución de comida y el control de una multitud de cinco mil a diez mil personas. Por supuesto, estando en esa condición durante la noche, una tormenta azota y las olas se tornaron muy violentas, ¿y no es así como sucede en la vida? Está cargada y presionada por las exigencias, hay preocupaciones e inquietudes acerca de cómo va a salir todo, y justo cuando viene un alivio, también aparece una tormenta.

Así que el viento está soplando y las olas están venciendo totalmente, y los discípulos están tratando de mantener la calma. Están remando y remando, esforzándose y luchando para mantenerse a flote. El agotamiento añade a su fatiga.

Y entonces ven una figura que se les está acercando, un hombre caminando sobre el agua.

Están aterrorizados. Sus corazones, como su pequeña barca, están abollados y hundiéndose profundamente en la confusión.

Entonces Jesús se identifica: «Pero él les dijo: No tengan miedo, que soy yo» (Juan 6.20).

Ansiosamente, los discípulos lo meten en la barca y Juan 6.21 nos dice que inmediatamente quedaron en el lugar a donde iban. Jesús no solo los sacó de la tormenta, sino que hizo más y los llevó a su destino.

En la mañana, la multitud, asombrada por la historia que se estaba propagando rápidamente a través de la región acerca del banquete maravilloso que proveyó, busca a Jesús porque saben que solo había una barca y que Jesús no se había metido en ella. Como no lo pueden encontrar, se meten en sus propias barcas y navegan hacia Capernaúm. Cuando encuentran a Jesús, quieren saber cómo llegó allí. Lo que es más, quieren saber qué deberían hacer ahora que vieron esa asombrosa obra de Dios. Su asombro se basa en la incredulidad y piden otra señal más. Es difícil creer que después de todo lo que presenciaron, todavía quieran otra señal. (¿Somos nosotros muy diferentes a ellos?) Vieron que tienen el derecho a tener una señal, porque ¿no proveyó Moisés el maná para sus ancestros en el desierto?

Jesús les dice: «Ciertamente les aseguro que no fue Moisés el que les dio a ustedes el pan del cielo, afirmó Jesús. El que da el verdadero pan del cielo es mi Padre. El pan de Dios es el que baja del cielo y da vida al mundo» (Juan 6.32–33). En la alimentación de los cinco mil, el pan milagroso, más abundante de lo que cualquiera pudiese comer, es un símbolo de Jesús mismo, el sustento divino que viene de la nada y satisface cada una de nuestras necesidades... ¡y mucho más! La respuesta que Jesús le dio a la multitud ese día, es la misma para nosotros: «Yo soy el pan de vida, declaró Jesús. El que a mí viene nunca pasará hambre, y el que en mí cree nunca más volverá a tener sed» (Juan 6.35).

Jesús les dice, como nos dice a nosotros:

Soy todo lo que necesitan.
Soy todo lo que necesitan.
Soy todo lo que necesitan.

Jesús no solamente suple nuestro pan de cada día. Él es nuestro pan de cada día.

Jesús no solamente suple nuestro pan de cada día. Él es nuestro pan de cada día.

Una promesa para siempre

No hay necesidad que tengamos que Dios no sea capaz ni esté dispuesto a suplir. Dios no necesita nuestro dinero, nuestro tiempo, ni nuestros recursos, pero nos invita a entrar en esta aventura divina de colaborar con Él y ver lo que solo Él puede hacer. En su gracia, le fascina trabajar a través de nosotros. Podemos pasar el resto de nuestras vidas viendo lo que no tenemos o podemos traerle todo lo que tenemos y todo lo que somos, para ver los milagros que suceden.

«Así que mi Dios les proveerá de todo lo que necesiten, conforme a las gloriosas riquezas que tiene en Cristo Jesús» (Filipenses 4.19). Vemos en este versículo prometedor que trabajamos mano a mano con el cielo: Vemos una necesidad y la satisfacemos, mientras el cielo ve todas nuestras necesidades y las satisface. Eso es lo que Pablo estaba diciendo cuando le escribió la promesa a la iglesia en Filipos. Los estaba felicitando por la forma en que habían vertido sus recursos para ayudarle y expresando su confianza de que Dios, que conoce sus necesidades, hará más que satisfacerlas. Pero Pablo aclaró rápidamente que el punto no era que él necesitaba que ellos dieran, sino que Dios vio su sacrificio amoroso y su participación en la modalidad del reino de Dios. «No digo esto porque esté tratando de conseguir más ofrendas, sino que trato de aumentar el crédito a su cuenta» (Filipenses 4.17).

Esta es una promesa gloriosa. Nosotros damos de lo poco que tenemos, como el niño en la ladera de la montaña, y Dios en su gracia y con su gloria da de su provisión ilimitada.

Los milagros en la ladera de la montaña dicen: *No te dejes consumir por lo que no tienes. Solo tráele a Jesús lo que tienes y míralo hacer lo que únicamente Él puede hacer.*

Y mi Dios proveerá todo lo que necesites.

Jesús nos dice a todos, no importa lo que estén enfrentando ahora mismo:

Soy suficiente.
Soy suficiente.
Soy más que suficiente.

3

Paz

Tengo miedo y me siento sola

La promesa

La paz les dejo; mi paz les doy.

—Juan 14.27

Me levanté ese sábado pensando que debía estudiar, pero decidí casi de inmediato que no lo iba a hacer. Desde la ventana de mi dormitorio en la universidad, podía ver que era un día muy lindo, por lo que después de días y días de tener lluvias deprimentes y cielo gris, estaba emocionada por poder disfrutar del sol y el aire fresco. Estaba cursando el último año en la Universidad de la Biblia de Londres (ahora Escuela Teológica de Londres), y la presión era terminar bien. Había estudiado duro, así que decidí que un día lejos de los libros y de los estantes de la biblioteca era exactamente lo que necesitaba.

Después de bañarme rápidamente, me vestí y caminé hacia la estación de tren para ir al centro de Londres. Como crecí en una ciudad pequeña en la costa oeste de Escocia, me fascinaba todo lo que Londres ofrecía: Tenía boletos estudiantiles para la compañía de ballet del Sadler's Wells, la ópera, los museos y las galerías de arte, cada una presentaba lo mejor que se puede ver u oír.

Me bajé del tren en Harrow on the Hill y tomé el tren subterráneo o el Tubo como lo llamamos, para ir al sur de Kensington. Era el día perfecto para comer al aire libre, así que llevé un emparedado y una soda, y decidí irme al parque Saint James. Tendí mi camiseta colegial sobre la hierba bajo un árbol de roble enorme, me senté y me apoyé contra el tronco.

Me gusta mirar a la gente, cualquier parque de Londres durante el mes de mayo tiene mucho que ver, desde ancianitas paseando a sus viejos perritos, hasta músicos tocando su versión de la canción de Simon y Garfunkel. Al recorrer con la mirada los jardines bien cuidados, mis ojos se encontraron con los de un hombre que tenía como unos sesenta años de edad. Nuestro contacto visual fue breve, ya que él bajó la mirada hacia la hierba. Por alguna razón, algo acerca de este hombre me conmovió profundamente. Traté de no quedármele mirando, pero siempre volvía a verlo. Cargaba puesto un abrigo viejo, aunque era un día caluroso, y lo tenía atado por la cintura con un pedazo de soga. Había dos bolsas plásticas para compras a sus pies. Pensé que era un hombre sin hogar. Al mirar sus manos delicadamente cruzadas sobre sus piernas, le hablé a Dios sobre él. Yo no sabía nada acerca de su historia, pero estaba profundamente consciente de que Él se sabía cada línea.

Después de unos momentos me miró y se sonrió. Caminé hacia donde estaba sentado y le pregunté si me podía sentar con él y asintió. Le pregunté si había almorzado y cuando me dijo que no, le ofrecí la mitad de mi emparedado y lo tomó.

—Me fascina este lugar —dije—. Está muy lleno de vida.

Él solo sonrió.

—A veces solamente vengo a darles de comer a los patos —continúe diciendo—. Siempre parecen estar hambrientos.

Se sonrió.

—Creo que vas a descubrir que están mejor alimentados que mucha de la gente que podrás encontrar en este parque.

Su voz era tierna pero poderosa.

—Así que, ¿eres estudiante? —preguntó.

—Sí, estoy en la Universidad de la Biblia —contesté—. Quiero ser misionera en la India.

—Ese es un llamado muy noble —dijo con una sonrisa.

—Señor, ¿puedo preguntarle acerca de su vida?

Me miró con los ojos más tristes que haya visto en mi vida y me contó su historia. En un tiempo fue médico en Harley Street, una de las calles más famosas de Londres, con una reputación mundial como centro privado de excelencia médica. A través de una serie de malas decisiones y una adicción al alcohol y medicamentos con receta, ese hombre gentil con un abrigo deshilachado por los bordes me dijo que había perdido su matrimonio y su familia, su licencia médica y su carrera profesional. Pasó de ser un hombre que ganaba un salario enorme y el respeto de sus colegas, a ser alguien que la gente evita.

Entonces dijo algo que nunca he olvidado. Dijo que un día estaba caminando por la calle Oxford cuando pasó por un almacén con puertas de espejos. Al mirar de reojo vio algo que lo hizo mirar dos veces.

—Vi a un hombre viejo con una camisa sucia y cabello despeinado —dijo—. Y mientras mi aversión hacia esa figura crecía me di cuenta de que era yo. En eso era en lo que me había convertido.

La promesa de paz

Mi nuevo amigo del parque se había convertido en alguien irreconocible hasta para sí mismo, aislado y anulado. Vivía en un lugar de ansiedad, soledad y odio consigo mismo.

¿Conoces un lugar como ese? ¿También estás atormentada por la vida, trastornada por el odio que sientes contigo misma, anhelando tener paz, esa clase de paz perfecta que solo Cristo promete y puede dar? ¿Cómo se ve esa paz que Jesús prometió cuando dijo: «La paz les dejo; mi paz les doy» (Juan 14.27)? La palabra griega usada aquí para «paz» es *eirene*, la cual significa «un estado de bienestar sin disturbios ni problemas». ¿Puede tal cosa ser posible en este mundo? ¿Es una paz que nos puede llevar a la orilla cuando las tormentas de esta vida nos deja destrozados, deshechos o solos?

Un hombre en la Biblia, conocido como el gadareno endemoniado, debió haber pensado en esas cosas. Como mi amigo del parque Saint James, él también vivía con ansiedad. También se convirtió en lo que odiaba y definitivamente en lo que la sociedad rechazaba, un hombre descuidado y sucio, viviendo bajo aislamiento y temor, un lugar donde muchos creen que Dios no reside. Pero es un lugar donde Él promete encontrarse con nosotros, trayendo paz para sacar los demonios de la irritación y la preocupación, la tormenta y la ansiedad, la soledad y el odio a sí mismo.

Aunque las experiencias del gadareno endemoniado y las del hombre del parque Saint James eran completamente diferentes, tenían un punto común y agonizante. Para empezar, la gente evitaba tener contacto visual con ellos. Con mi amigo del parque, la gente solo veía a un hombre sin hogar. En el gadareno endemoniado, un hombre que estaba luchando por sobrevivir en medio de los muertos, la gente solo veía a la peor clase de marginado social.

¿Qué fue lo que trajo a esos hombres a esos lugares de tormento, aislamiento y ansiedad, donde sintieron ese temor primitivo de soledad?

Tras esto en lo que me he convertido

Conocido también como «El hombre de los sepulcros» o como lo llaman algunas de las traducciones de la Biblia: «El geraseno endemoniado», el gadareno vivía exiliado, como atacante al igual que como atacado. Lee su historia en Marcos 5.1–15:

> Cruzaron el lago hasta llegar a la región de los gerasenos. Tan pronto como desembarcó Jesús, un hombre poseído por un espíritu maligno le salió al encuentro de entre los sepulcros. Este hombre vivía en los sepulcros, y ya nadie podía sujetarlo, ni siquiera con cadenas. Muchas veces lo habían atado con cadenas y grilletes, pero él los destrozaba, y nadie tenía fuerza para dominarlo. Noche y día andaba por los sepulcros y por las colinas, gritando y golpeándose con piedras. Cuando vio a Jesús desde lejos, corrió y se postró delante de él. ¿Por qué te entrometes, Jesús, Hijo del Dios Altísimo? gritó con fuerza. ¡Te ruego por Dios que no me atormentes! Es que Jesús le había dicho: «¡Sal de este hombre, espíritu maligno!» ¿Cómo te llamas?, le preguntó Jesús. Me llamo Legión, respondió, porque somos muchos. Y con insistencia le suplicaba a

> Jesús que no los expulsara de aquella región. Como en una colina estaba paciendo una manada de muchos cerdos, los demonios le rogaron a Jesús:
>
> Mándanos a los cerdos; déjanos entrar en ellos. Así que él les dio permiso. Cuando los espíritus malignos salieron del hombre, entraron en los cerdos, que eran unos dos mil, y la manada se precipitó al lago por el despeñadero y allí se ahogó. Los que cuidaban los cerdos salieron huyendo y dieron la noticia en el pueblo y por los campos, y la gente fue a ver lo que había pasado. Llegaron adonde estaba Jesús, y cuando vieron al que había estado poseído por la legión de demonios, sentado, vestido y en su sano juicio, tuvieron miedo.

Las Escrituras no explican el proceso físico ni el mental de la posesión demoníaca o cómo este hombre quedó en tan miserable condición. Cuando lo vemos está descontrolado y atormentado. Los sepulcros que se habían convertido en su hogar, eran de seguro cuevas excavadas a un lado de la ladera que podían ofrecerle refugio cuando el viento que salía del mar, cortaba como cuchillo. Una tempestad también bramaba dentro de ese pobre hombre. Leímos que esa posesión demoníaca hizo que tuviera tanta fuerza que pese a las veces que trataron de sujetarlo o ponerle cadenas de hierro, las destrozaba como si fueran cadenas de papel y hechas por niños.

Igual de espantoso a lo que estaba sucediendo dentro del gadareno endemoniado era el lugar donde vivía. Los judíos consideraban que la región de los gadarenos, el territorio ubicado en la costa este de Galilea, era un lugar detestable. Era un territorio hostil en muchas maneras y el hecho de ser una región que tenía una secta de adoración pagana, no era la de menor importancia. El animal favorito de los paganos para sacrificar era el cerdo, un animal impuro para los judíos, así que con manadas de cerdos por todos lados, el lugar era una abominación para cualquier judío.

Es a esa área, a través de Galilea, a la que Jesús navegó para encontrar al hombre de los sepulcros. ¿Crees que eso fue una coincidencia?

Sus discípulos se habrán preguntado eso. Ellos no estaban muy felices con ese viaje. Y la travesía hacia ese lugar no fue un crucero agradable tampoco. Enfrentaron un mar tempestuoso esa noche, una tormenta tan violenta que su barca empezó a hundirse. Los discípulos pensaron que definitivamente iban a morir: «Se desató entonces una fuerte tormenta, y las olas azotaban la barca, tanto que ya comenzaba a inundarse» (Marcos 4.37).

Aun así, mientras las olas azotaban la barca y la inundaban, como si trataran de dominarla y poseerla, Jesús se mantuvo dormido en la popa. Imagínate que eres uno de los discípulos, cruzando un mar tempestuoso en un bote pequeño hacia una región llena de demonios y adoración ocultista, potencialmente habitada por miles de cerdos impuros y sepulcros señalando incontables cadáveres. Era una pesadilla judía.

Es en ese estado mental y luchando contra las aguas tempestuosas que los discípulos despiertan con pánico a Jesús. Le preguntan: «¿No te importa que nos ahoguemos?» Jesús se levanta y les habla paz a las olas: «¡Silencio!», les dice. «¡Cálmate!» (Marcos 4.39). Las olas se calman y de repente el mar queda completamente tranquilo.

Los discípulos quedaron espantados, murmurando uno con otro: «¿Quién es este, que hasta el viento y el mar le obedecen?»

No tienen ni idea de que estaban a punto de presenciar la verdad radical de que cuando Cristo les habla a las tormentas que están dentro y fuera del corazón humano, ambas obedecen.

Cuando Cristo les habla a las tormentas que están dentro y fuera del corazón humano, ambas obedecen.

Porque somos muchos

Puedo imaginarme cómo esta escena debió haberles hecho sentir a los discípulos, su versión del Mordor de Tolkien y el Infierno de Dante, envueltos en los ondulados pliegues de unos cielos negros y el hedor de la maldad y la malicia espiritual. Los compadezco mucho. Pero lo que encuentro más conmovedor en esa historia es que apenas Jesús aparece en el horizonte, el hombre de los sepulcros lo ve, corre y se postra delante de Él. Las acciones de este hombre cambian completamente el tono de esta escena mientras que los temores de los discípulos quedan encarnados en el hombre poseído por demonios. ¿Cómo es que el endemoniado sabe quién es Jesús? ¿Podría ser que por primera vez siente que los demonios que tiene por dentro retroceden y se acobardan, y en ese momento se da cuenta de que es posible tener paz?

¿Has estado alguna vez en una situación como esa, en el peor escenario posible y totalmente sin esperanza? Como ves las cosas, Dios se ha olvidado de ti. Tal vez tu vida se siente como un páramo o peor, tú también te sientes atormentada. Quizá tomaste unas decisiones devastadoras que te han llevado a lugares que jamás pensaste que irías y te has distanciado de aquellos que te han amado. La desesperación es un lugar devastador para vivir, es aislado y frío. Ya sea que te encuentres en un lugar como ese por las decisiones que tomaste o por las de otros, el horizonte es árido y desolador si no sientes esperanza alguna. Sin esperanzas, el espíritu humano empieza a despedirse de la vida.

Claramente este hombre de los sepulcros está viviendo en la tierra de los muertos, no solo los físicamente fallecidos, que son sus vecinos y compañeros de habitación, sino también en las condiciones fúnebres de sus emociones y su espiritualidad. Y los demonios están acostumbrados a reinar allí.

Es por eso, cuando los demonios en el hombre sienten la presencia de Cristo salir de la barca, que retroceden con temor y el hombre poseído corre hacia los pies del Señor: «Cuando vio a Jesús desde lejos, corrió y se postró delante de él. ¿Por qué te entrometes, Jesús, Hijo del Dios Altísimo?, gritó con fuerza. ¡Te ruego por Dios que no me atormentes!» (Marcos 5.6–7).

A Jesús no le interesan las negociaciones. Los demonios gritan como respuesta a la orden que Cristo les da: «¡Sal de este hombre, espíritu maligno!» (Marcos 5.8).

Se ve claramente en este pasaje que los demonios no obedecen a Jesús de inmediato, así que les pregunta sus nombres. Ellos contestan: «Me llamo Legión, respondió, porque somos muchos» (Marcos 5.9).

Una legión era la unidad más grande del ejército romano, consistente de seis mil hombres. La mayoría de los comentaristas concuerdan en que esto no necesariamente significa que el hombre estaba poseído por seis mil demonios, pero que el número era obviamente grande. Ellos le suplican a Cristo que no los expulse hacia donde saben que va a ser su destino eterno. Le piden a Jesús que los deje quedarse en esa región donde han infligido tanta destrucción. Ellos no le piden que los deje entrar a otro hombre, sabiendo que Cristo nunca permitiría eso, pero le dicen que los deje entrar en una manada de cerdos.

Fue una escena bastante impresionante cuando esa vasta acumulación de demonios dejaba a un hombre pobre y maltratado, y entra a una manada de dos mil cerdos que salen corriendo y chillando por el despeñadero y se tiran al mar.

Puedes ahogarte en la ansiedad

Los geógrafos concluyen que el lugar más probable donde los cerdos pudiesen haber saltado hacia el mar pudo ser una franja de costa empinada cerca de Gergesa, un pueblo más pequeño y de menos importancia de esa región de los gadarenos en la parte oriental del mar de Galilea. Eso encajaría con otra sugerencia de que Mateo era nativo de esa región y es por eso que él señala el lugar exacto, mientras que Marcos y Lucas simplemente se refieren a un lugar general para sus lectores griegos y romanos. Gergesa era pequeño y relativamente desconocido, mientras que Gadara era una ciudad griega de cierta importancia.

Esta costa empinada es la clase de territorio en la que si empezaste a correr, no podrías parar.

Nosotros tenemos una colina así en Escocia, donde crecí. Por tres lados de la colina se puede subir y bajar fácilmente, pero un lado es tan empinado que una vez que te comprometes, es mejor que aceptes lo que te vaya a suceder cuando llegues a la parte inferior.

Un sábado cálido y soleado, mi mamá, mi hermana, mi hermano y yo estábamos comiendo al aire libre allí con unos amigos. Todos los niños querían subir el lado más empinado de la colina y nos dijeron muy claramente que si nos subíamos a la cima de esa manera, no debíamos considerar bajarnos por nada más que por los tres lados poco inclinados. No sé qué es lo que tengo por dentro que filtra esa clase de información como un desafío más que como una advertencia, pero parece estar firmemente inserto en mi ADN.

Cuando todos finalmente trepamos la cima, la vista fue espectacular pero ya era tiempo de bajarnos para comer nuestra merienda campestre. Mi hermana, Frances, vio que yo no la estaba siguiendo hacia uno de los lados más seguros y me recordó la terrible advertencia. Le aseguré que yo no era una simple mortal y que sabía que lo podía hacer.

Antes de que cualquiera tuviese la oportunidad de impedírmelo, salí corriendo. En menos de tres segundos, sabía que estaba en problemas. No podía reducir la velocidad; al contrario, estaba corriendo más y más rápido, como un tren descontrolado.

Escuché a alguien gritar: «¡Cuidado Sheila!»

Dejé de mirar mis pies humeantes lo suficiente como para ver que estaba dirigiéndome hacia un espino enorme.

No podía hacer nada para evitarlo.

Fue necesario que tres personas adultas me sacaran del espino y mi mamá dice que días después todavía encontró espinas en mi cuerpo.

Aprendí que ciertas colinas no son para correr a menos que estés dispuesta a aceptar las consecuencias cuando llegues al final de ellas.

Bueno, ese día en la región de los gadarenos, no fue diferente cuando dos mil cerdos se ahogaron.

El mar, que había estado inquieto y tempestuoso unas cuantas horas antes, se tragó a los cerdos que estaban corriendo, chillando y poseídos por demonios. El caos de los demonios los llevó al fondo del mar. Cientos y cientos de cerdos, dos mil en total, dicen las Escrituras (Marcos 5.13), se precipitaron al lago por el despeñadero y allí se ahogaron.

Vestido y en su sano juicio

Si yo hubiese sido uno de los discípulos, a este punto habría estado buscando mi aspirina. Justo cuando piensas que la vida con Jesús no puede ser más impredecible, te enfrentas con el menú del día. El momento en que te sales de la barca, un hombre loco y endemoniado corre hacia ti, solo para que unos momentos después, sus atormentadores internos estén lanzando cerdos por el despeñadero. Y sin embargo, para todo eso, no importa lo alocada que haya sido la escena en el despeñadero, en la presencia de Jesús hay paz total. Me imagino a Cristo mirando al hombre, andrajoso y cansado hasta lo profundo de su alma, prostrado en la tierra. Por primera vez en mucho tiempo, está sereno y tranquilo a los pies de Cristo. El hombre que había hecho pedazos su ropa y cortado su piel, ahora está: «vestido y en su sano juicio» (Marcos 5.15).

Los hombres que estaban encargados de los cerdos acababan de perder su trabajo con una sola caída, así que corrieron al pueblo para contar lo que había sucedido. Leemos en Marcos 5.14–17 que cuando una multitud enorme regresa a la escena y ve a este hombre salvaje ahora en paz, ellos tuvieron miedo. Qué ironía. Esa multitud supersticiosa le tiene más miedo a esta nueva situación que al monstruo que había estado gritando por las noches. Están familiarizados con la maldad pero no tienen ningún punto de referencia para el reino de Dios.

En cuanto al hombre que ha sido liberado, suplica para seguir a Jesús. Él sabe cómo se siente la oscuridad y lo que Cristo hizo. Pero Jesús le dice que no. Deja a este hombre, que posiblemente fue el primer converso entre los gentiles, para contar su historia. Este servidor agradecido sale en su primer viaje misionero: «Así que el hombre se fue y se puso a proclamar en Decápolis lo mucho que Jesús había hecho por él. Y toda la gente se quedó asombrada» (Marcos 5.20).

Me pregunto cómo se sintió el hombre mientras veía a Jesús alejarse y caminar hacia la barca. Mientras la imagen del que le había salvado la vida y restaurado el alma, se iba haciendo más y más pequeña, una cosa debió haber quedado bien clara: ante el nombre de Jesús se doblará toda rodilla. Una hueste enorme de odio lo había destrozado pero Jesucristo llegó y los espíritus malignos tuvieron que irse. No sabemos cuántos años vivió el hombre de los sepulcros después del exorcismo, pero estoy segura de que se convirtió en un discípulo radical. Si has probado el infierno, te aferras al Señor de los cielos.

En menos de veinticuatro horas, los discípulos ven que Cristo tiene poder sobre las tormentas que braman en el mundo y dentro del espíritu humano. Presenciaron cuando Jesús habló paz y tornó a un mar violento en aguas tranquilas y vieron al hombre más violento que habían encontrado hasta ese punto, librado. La constante era la presencia de Cristo. Al reflexionar acerca de tu propia vida, ¿Cuánto tiempo hace que la tormenta ha estado bramando a tu alrededor? Quizás al igual que los discípulos has gritado: ¿No ves lo que está pasando aquí? ¿No te importa que esté a punto de ahogarme? Tal vez, la tormenta que está bramando está dentro de tu alma, lo cual es más aislante y brutal. Ese día, los discípulos vieron que Cristo no solo ofrece refugio, sino que también trae paz.

Los discípulos vieron que Cristo no solo ofrece refugio, sino que trae paz.

Desde nuestros propios sepulcros

La tormenta de la ansiedad que tantos de nosotros sufrimos, ha impactado mucho mi vida porque yo personalmente he conocido al hombre de los sepulcros.

Él fue mi papá.

Me acuerdo de la primera vez que escuché la canción de Bob Bennett: «Man of the Tombs» [El hombre de los sepulcros], la cual habla de un hombre endemoniado. Estaba asistiendo a una conferencia en Orange County, California, en enero de 1993. El último día, el conferencista puso la canción como cita final de su mensaje. Mira las letras de la canción:

Hombre de los sepulcros
Vive en un lugar adonde nadie va
Y se rasga él mismo
Y vive con un dolor que nadie conoce
Él siente que es un muerto en medio de los vivos
No conoce misericordia ni perdón
En la profundidad de la noche es impulsado a gritar a toda voz
¿Puedes escucharle gritar?

Hombre de los sepulcros
Poseído por un enemigo invisible
Rompe toda cadena
Y confunde su libertad pensando que es libre
Vergüenza y desvergüenza, ambas presentes
Como cuando se lanza una moneda al aire al azar
Hombre de los sepulcros, impulsado a gritar a toda voz

Debajo de esta cosa en que me he convertido
Una memoria que se desvanece de carne y hueso
Maldigo el vientre y bendigo la tumba
He perdido mi corazón, no puedo ser salvado

Como los que me temen, yo tengo miedo
Como a los que he herido, puedo sentir dolor
Ahora desnudo ante mi pecado
Y estas piedras que cortan mi piel
Algunos tratan de tocarme, pero nadie puede
Porque el hombre de los sepulcros soy yo.[1]

No puedo recordar cuál fue el mensaje del conferencista pero, al escuchar la canción ese día, lloré con una profundidad que no tenía sentido para mí. Fue vergonzoso.

Ahora, no me malinterpretes: la canción es fenomenal y Bob es un escritor fabuloso. Pero yo estaba siendo arrastrada a un punto que sentía tanto como una herida primitiva, que parecía desproporcionada en cuanto a la historia que contaba la canción. Decidí que estaba cansada y no pensé más en ello, pero la letra siguió regresando a mi mente. Compré el casete: *The View from Here* [La vista desde aquí] (sí, esos eran los días en que teníamos casetes), y lo tocaba una y otra vez. Cada vez que lo escuchaba, sentía una tristeza profunda por ese hombre loco que no conocía misericordia, ni perdón, y que tenía tanta ansiedad y tormento. A través de los años, me he comunicado con Bob unas cuantas veces porque no quería perder contacto con una persona que me impactó profundamente.

Por lo que me acuerdo, nunca he conocido a una persona endemoniada. Y aun así, tal como me cautivó el hombre sin hogar que conocí en el parque cuando era estudiante en Londres, fui atraída hacia ese hombre que corrió hacia Jesús a la orilla del mar y finalmente encontró paz. Una de las líneas de la letra de la canción de Bob, continúa llamándome la atención: «Algunos tratan de tocarme pero no pueden / porque el hombre de los sepulcros soy yo».

Entiendo el aislamiento y la desesperación que esas palabras representan. Cuando era niña, traté de tocar a mi papá muchas veces, pero no pude sanarlo.

Mi papá tenía treinta y cuatro años, cuando un aneurisma cerebral le quitó su habilidad para hablar y le dejó paralizado el lado izquierdo. Ese papá maravilloso, que me quería tanto, se convirtió en un hombre de los sepulcros y no por decisión propia. El impacto que hizo el daño a su cerebro parecía venir en oleadas. En un momento estaba «vestido y en pleno uso de sus facultades mentales» y en otro se había convertido en un extraño furioso y confundido.

Cuando estaba en sus cabales, en su sano juicio, lloraba sabiendo que era un extraño que estaba espantando a su familia y a sí mismo.

Una de mis memorias más dolorosas fue la mirada que tenía en sus ojos la última vez que lo vi antes de que falleciera. No era la mirada de un padre amoroso, sino la mirada fija y aterradora de un hombre salvaje que quería hacerme daño. En vez de dejar que me pegara en la cabeza con su bastón, se lo quité de las manos y él se cayó en el suelo gritando como un animal.

Ese día se lo llevaron y murió poco después en el hospital psiquiátrico.

Ahora que soy adulta, entiendo lo que no pude comprender cuando era niña, que mi papá estaba enfermo y no controlaba su cólera. A través de los años, Dios me ha sanado. Sin embargo, siempre me entristeció pensar cómo debió haber sido sentirse atrapado en un cuerpo que te traiciona diariamente. Pude recibir la paz que trae el entendimiento pero, ¿y qué de mi papá? ¿Qué paz pudo él entender? Fue solo cuando regresé en el 2008 al lugar donde él caminó por última vez, aquí en esta tierra, que creo que Dios contestó esa pregunta. Mi papá no murió en una cama de hospital, sino en un río detrás del hospital. Se escapó esa noche y los doctores no pudieron determinar si es que se resbaló y cayó dentro o si vio eso como una manera de salirse de la cueva de su enfermedad. Nunca quise caminar por esa orilla, pero me encontré allí un día. Mientras estaba parada en el lugar de las pesadillas, sentí que Cristo me dijo: *Yo estaba ahí esa noche. Tú papá salió de esta tierra recto hacia mis brazos y me lo llevé directamente a casa.*

Abajo en la orilla
Dos pares de huellas se juntaron
Una voz está gritando
Otra voz empieza
En solo un momento y con solo una palabra
El mal sale como una manada estruendosa
Hombre de los Sepulcros, él escucha este grito a toda voz

Debajo de esta cosa en que te has convertido
Veo a un hombre de carne y hueso
Te doy vida más allá de la tumba
Sano tu corazón, vengo a salvar
No necesitas temer, no tengas miedo
Este hombre de sufrimientos conoce tu dolor
Vengo a quitar tu pecado
Y a llevar sus marcas sobre mi piel
Cuando nadie puede tocarte, todavía yo puedo
Porque el Hijo de Dios soy yo.[2]

Tal vez esa clase de tormento haya tocado tu vida.

En cuanto a mí se refiere, ahora entiendo mi afinidad con aquellos que tienen otra historia de sus vidas que contar aparte de la que parece ser verdad. Siempre me he sentido atraída por las historias sensibilizadoras.

Por muchos años sentí que le había fallado a mi papá por no haberle salvado y que salvando a alguien más, posiblemente, me daría un poco de paz.

Yo sé, como aprendieron el hombre de los sepulcros y los discípulos, y toda alma atormentada, que solo Cristo puede salvar, solo Él puede traer paz. Todavía puedo ser una amiga que ve más allá de lo que aparenta ser verdad y una compañera de viajes en el camino a casa. A través de la jornada estoy segura que veré a muchas vidas atormentadas en este mundo enfrentar mi propia ansiedad y mi propio tormento. Sin embargo, Cristo nos promete que la vida aquí no tiene que ser de esa manera. Tenemos que buscarlo en el horizonte, correr hacia Él y pedirle que nos dé su paz. Él puede traerla con solo una palabra, solo una mirada.

Él nos ve en los sepulcros y anhela llevarnos a un lugar mejor, un lugar de paz.

Debajo de esta cosa que una vez fui
Ahora soy una persona de carne y hueso
Tengo una vida más allá de la tumba
Encontré mi corazón, ahora puedo ser salvado
No tengo que temer, no tengo miedo
Este Hombre de sufrimientos tomó mi dolor
Él viene para quitar nuestros pecados
Y llevar sus marcas sobre su piel
Te estoy contando esta historia porque
El hombre de los sepulcros era yo.[3]

4

Confianza

No puedo ver el plan de Dios en este dolor

La promesa

Ahora bien, sabemos que Dios dispone todas las cosas para el bien de quienes lo aman, los que han sido llamados de acuerdo con su propósito.

—Romanos 8.28

Nunca me olvidaré de una pareja que entrevisté hace muchos años en CBN, en el programa del Club 700. En apariencia parecían ser una familia cristiana típica. Tenían dos niños pequeños y el papá era parte del liderazgo de su iglesia. Él también tenía otra vida secreta en la que exteriorizaba sus deseos homosexuales. Su esposa no tenía ni idea acerca de esa parte de la vida de su esposo, hasta que ella enfermó gravemente. Primero pensaron que era una gripe muy fuerte y se la llevaron al hospital para tratar de regularle la fiebre y darle fluidos. Mientras estaba allí, su esposo se enteró por parte de su propio doctor, que él tenía el virus del Sida.

Con absoluta desesperación, se dio cuenta de que no solo tenía la enfermedad, sino que era muy seguro que se la había contagiado a su esposa. Su doctor dejó en claro que tenía que decírselo a su esposa. Así que compró una pistola y manejó hacia el hospital con la intención de decirle a su esposa, enfrentar su disgusto y luego encontrar un lugar tranquilo donde quitarse la vida. Pero Dios tenía otros planes.

Mientras ese esposo estaba sentado al lado de la cama de su esposa con lágrimas corriéndole por las mejillas, con temor de mirarle a los ojos, le contó su historia, la parte que le había escondido por tanto tiempo. Él esperaba que sus palabras le cortaran su alma en pedazos, pero ella extendió la mano y tomó la suya. Él alzó la mirada y vio que ella también tenía lágrimas que le estaban corriendo por sus mejillas. Ella dijo: «¿Te das cuenta de que esta es la primera vez en nuestro matrimonio en la que siento que no hay distancia entre nosotros, solamente la verdad?»

Escuchar a esa pareja relatar una historia de misericordia y redención tan intensa, me hizo tener una perspectiva diferente. Los dos tenían Sida y aun así Dios, de la manera en que solo Él puede hacerlo, usó el terrible secreto del esposo para traerlos más cerca a la voluntad de Él y acercarlos uno al otro. En el peor momento de sus vidas, cuando no había posibilidad de encontrar el bien, fueron sorprendidos por la gracia de Dios y pudieron encontrar refugio bajo su promesa: que solamente Él puede sacar algo bueno del dolor más grande de la vida.

09/28/2017

Item(s) Checked Out

TITLE	Ábrete a lo que
BARCODE	3302910235454[illegible]
DUE DATE	**10-19-17**
TITLE	El refugio de las
BARCODE	33029073700130
DUE DATE	**10-19-17**

Thank you for visiting the library!

Sacramento Public Library

www.saclibrary.org

Terminal # 24

La promesa del propósito

¿Has tenido alguna vez un momento en el cual estabas tan abrumada por la vergüenza que era imposible imaginar que Dios pudiese sacar algo bueno de eso? La mayoría de nuestros momentos vergonzosos no son de vida o muerte, aunque lo eran para esa pareja, pero pueden paralizarnos y hacernos creer que no tenemos esperanza.

Dentro de la iglesia, la vergüenza tiene una capa extra y hasta más potente. Si hemos caído en alguna clase de pecado que se hace público dentro de nuestra comunidad, somos juzgados y a menudo excluidos. Yo vi sucederle eso a una querida amiga. Cuando más necesitaba gracia, fue marginada y aislada por su comunidad, lo cual añadió una capa extra de crueldad a la amarga vergüenza que sentía.

Así que en cuanto a la desesperación y a la desesperanza se refiere, y la forma en que pueden ejercer presión sobre nosotros y sofocarnos, ¿qué relevancia tiene la promesa que Dios nos da en Romanos 8.28 y que dice: «Ahora bien, sabemos que Dios dispone todas las cosas para el bien de quienes lo aman, los que han sido llamados de acuerdo con su propósito»?

¿Puede Dios usar hasta las peores circunstancias de la vida para bien, para acercarnos más a Él? ¿De verdad creemos que va a tomar los sucesos más improbables y los momentos dolorosos de la vida para acercarnos más a su corazón? ¿Habrá algo que esté fuera de esa poderosa promesa de consuelo y fortalecimiento —que Él nos estima, que nuestras vidas son preciosas y que tienen significado—, y que Dios redimirá todo para nuestro bien, un bien colosal? Esa es la afirmación segura de esta promesa: Dios va a disponer *todas* las cosas para bien.

Esa es la afirmación segura de esta promesa: Dios va a disponer todas las cosas para bien (Romanos 8.28).

La Carta a los Romanos se enfoca enteramente en la condenación y en la justicia. La lucha que la primera iglesia enfrentaba no es diferente a la que enfrentamos hoy. El problema es que continuamos buscando esa justicia en nosotros mismos y ninguno de nosotros es completamente justo. Esto es exactamente de lo que se trata el legalismo. Pablo les dice a esos primeros cristianos y a nosotros que sí, todos somos condenados por la ley, y que hay muchas personas dispuestas a acordarnos cuán indignos somos. Luego Pablo dice al principio del capítulo ocho que ya no hay condenación para aquellos que están en Cristo. El espíritu de la ley es pecado y muerte, pero nosotros tenemos el Espíritu de vida. Él está diciendo a los romanos y a nosotros, que dejemos el pecado y la muerte atrás, y que aceptemos la vida. El espíritu de esclavitud no es nuestro, sino el Espíritu de adopción a la familia de Dios.

En Romanos 8.27, Pablo nos dice que el Espíritu conoce nuestras mentes y nuestros corazones, e intercede por nosotros. Basándose en ese fundamento, Pablo nos asegura audazmente que todo nos va a salir bien. Ten por seguro que Dios está trabajando en nuestras vidas. La primera parte de esta oración puede ser traducida de dos maneras. Dios es el que dispone todas las cosas para el bien, o todas las cosas están dispuestas para el bien de aquellos que son hijos de Dios. En realidad, las dos son interpretaciones verdaderas y nos llevan a la misma conclusión. Para aquellos que son hijos de Dios, todo les va a salir bien porque Dios está haciendo que todo les salga bien a aquellos que le pertenecen.

Pablo pone ese concepto en perspectiva al aclarar quiénes somos. Somos los que hemos sido seleccionados por Dios específicamente para sus propósitos. Por lo tanto, Dios hace que todas las cosas, sean buenas o malas, salgan bien para lograr sus propósitos, los cuales son efectivamente buenos. El resultado debe ser confianza en lo que Dios está haciendo. Si esperamos con paciencia, veremos a todas esas diversas experiencias desplegarse hacia el establecimiento de sus propósitos. Nuestra confianza fluye de su determinación.

No obstante, ese camino puede ser extraño. Tal vez nadie sabía eso mejor que la mujer que pasó la mayor parte de su vida buscando amor pero solo daba pedazos de su alma, hasta que un día conoció a un hombre que no solo quería un pedazo, lo quería todo.

Esperanza para el menos pensado

Jesús tuvo muchos encuentros fascinantes con mujeres en los relatos de los evangelios, pero el que tuvo con la samaritana al final de un día caliente y agotador, es el más poderoso de todos.

Para esa mujer, la posibilidad de que se pudiesen encontrar parecería ser no menos que inaudito y hasta revolucionario. Pero con Jesús, sabemos que no fue accidental. Él la buscó aunque ya tenía dos cosas en su contra. Primero, era samaritana y los judíos odiaban fuertemente a los samaritanos. Segundo, era mujer, y las mujeres no eran respetadas en la cultura de ese tiempo.

Para entender por qué los judíos de sangre pura odiaban a los samaritanos, tienes que regresar al año 729 a.c., cuando los colonizadores asirios capturaron a las diez tribus del reino judío del norte. El libro de Esdras dice claramente que el pueblo había hecho exactamente eso. Los hijos, conocidos como los samaritanos, eran vistos por los judíos como una raza de perros cruzados.

Cuando los samaritanos empezaron a llenar las ciudades de Israel, trajeron su propia religión, sus propias costumbres y su propia etnicidad mixta. Un versículo muy convincente ayuda a mostrar la angustia que sentían los judíos con esa raza que estaba creciendo: «Aquellos pueblos adoraban al Señor, y al mismo tiempo servían a sus propios ídolos. Hasta el día de hoy sus hijos y sus descendientes siguen actuando como sus antepasados» (2 Reyes 17.41). No es que los samaritanos abandonaron la ley mosaica por completo, sino que guardaron una versión diluida añadiendo otros rituales religiosos paganos. Especialmente convincente en cuanto al desdén de los judíos por los samaritanos es cuando aquellos estaban reconstruyendo Jerusalén después de la cautividad de Babilonia, que los samaritanos ofrecieron ayudarles. Esa oferta fue rechazada. Los judíos rechazaron a los samaritanos porque su genealogía era cuestionable. Así que los samaritanos, profundamente ofendidos, decidieron construir su propio templo sobre el monte Guerizín, donde ellos pudiesen adorar a Dios.

Esa es clave para el encuentro de Jesús con la samaritana, porque cuando ella lo encuentra en el pozo de Sicar, le pregunta: «¿Cuál es el lugar apropiado para adorar? ¿Cuál de los dos templos es el aceptado?»

Para el tiempo en que Cristo nació, las perspectivas de los samaritanos estaban estrechamente afiliadas a las de los judíos, aunque más con los saduceos que los fariseos más estrictos. Aun más, los samaritanos rechazaban cualquiera doctrina que no estuviese en el Pentateuco, los primeros cinco libros de Moisés. Así que, por ejemplo, rechazaban la resurrección y la creencia en los ángeles. El odio a los samaritanos era tan intenso entre los fariseos que algunos hasta oraban para que ningún samaritano fuese resucitado en la resurrección. (Eso ni siquiera era un insulto para ellos, ya que no creían en la resurrección, pero era una indicación de los sentimientos de los que sí creían.) En un encuentro que tuvo Jesús con un grupo de líderes religiosos judíos que querían menospreciarlo e insultarlo, lo llamaron samaritano: «¿No tenemos razón al decir que eres un samaritano, y que estás endemoniado?, replicaron los judíos» (Juan 8.48).

Así que, para el judío de sangre pura, los samaritanos tenían que ser despreciados y eludidos, fuese como fuese. Ese entendimiento solo enfatiza la importancia de la compulsión que tenía Cristo al pasar por Samaria: «Jesús se enteró de que los fariseos sabían que él estaba haciendo y bautizando más discípulos que Juan (aunque en realidad no era Jesús quien bautizaba sino sus discípulos). Por eso se fue de Judea y volvió otra vez a Galilea. Como tenía que pasar por Samaria» (Juan 4.1–4).

Pasar por Samaria era la ruta más corta para ir de Judá a Galilea, pero era un camino que ningún judío elegía. Más bien, la mayoría hacía todo lo posible por evitarlo. Viajaban hacia el este y cruzaban el río Jordán, y al tomar esa ruta, evadían a Samaria por completo. Lo que hemos traducido como «tenía que» en el versículo cuatro es *dei* en el griego, y cada vez que es usado en el Evangelio de Juan, significa «necesidad divina» o «mandato». En otras palabras, era un mandato y una necesidad divina que Jesús *tenía que* tomar ese camino, había una mujer allí que necesitaba saber que su vida era importante. Antes que la promesa —«Dios dispone todas las cosas para el bien de los que han sido llamados»— hubiese sido escrita, Cristo, la Promesa, estaba a punto de llevársela a un alma que estaba bastante perdida.

Era un mandato y una necesidad divina que Jesús tenía que tomar ese camino (hacia Samaria), había una mujer allí que necesitaba saber que su vida era importante.

Muchos hombres judíos empezaban su día agradeciéndole a Dios que no eran ni gentiles, ni esclavos ni mujeres, y sí, en ese orden. Un hombre hebreo no hablaría con una mujer en la calle, ni aunque fuese su propia esposa o hija. Las mujeres simplemente no eran valoradas como parte de la sociedad. Incluso había una secta entre los fariseos conocida como «los fariseos sangrientos» porque eran los más estrictos y ni siquiera miraban a una mujer a los ojos. Así que si veían una que se les estaba acercando, miraban hacia abajo, por lo cual muchas veces se golpeaban contra una pared, y es por eso que les dieron ese nombre. El hecho de que Jesús se aproximó a una persona de Samaria y que era mujer, fue algo escandaloso:

> Llegó a un pueblo samaritano llamado Sicar, cerca del terreno que Jacob le había dado a su hijo José. Allí estaba el pozo de Jacob. Jesús, fatigado del camino, se sentó junto al pozo. Era cerca del mediodía. Sus discípulos habían ido al pueblo a comprar comida. En eso llegó a sacar agua una mujer de Samaria, y Jesús le dijo: Dame un poco de agua. (Juan 4.5–8)

Leer eso y pensar en lo escandalizador que debió haber sido ese encuentro, y que Cristo vio más allá de la barrera a una vida quebrantada, no pudo más que recordarme el tiempo en que Barry y yo vivíamos en Nashville, a finales de los noventa. Yo era una compradora frecuente, para así decirlo, en la Sociedad Humanitaria. Iba unas cuantas veces a la semana y donaba suministros, miraba todos los animales domésticos y chequeaba a ver cuáles habían sido adoptados. De vez en cuando, si había uno con impedimentos peculiares, malnutrido o que tenía problemas con el pelaje, me lo llevaba a casa y lo atendía hasta que estuviera mejor para que lo adoptaran.

Había un gato, Max, que me llamó especialmente la atención. Una noche fría, Max se metió bajo el capó de un auto y sobre el motor que aún estaba caliente. Cuando el dueño del auto encendió el motor la mañana siguiente, escuchó un fuerte alarido; el lomo de Max recibió una herida terrible, como de unos diez centímetros de largo. El dueño del auto fue lo suficientemente gentil como para llevar a Max al refugio y el veterinario hizo lo que pudo, pero el gato tenía un aspecto lamentable. Ya no tenía pelaje en su espalda y el del resto de su cuerpo había sido cortado muy bajo para poder sacarle el aceite que se había enmarañado allí, ahora el pelo le estaba creciendo en ángulos extraños por todas partes.

«¿De qué raza es Max?», pregunté un día.

«No creo que Max tenga una raza dominante», me dijo la jovencita que estaba limpiando las jaulas. «No estoy segura de cómo vamos a poder hacer que lo adopten. ¡Es un poco de cada cosa!»

Me llevé a Max a casa ese día.

Fue uno de los animales más dulces que tuve la dicha de amar en la vida. Me parecía que su devoción fluyó porque alguien vio, más que sus heridas, su corazón maravilloso.

Quizás eso fue lo más impresionante sobre el encuentro de Cristo con la samaritana en el pozo: Él vio más allá de su cultura, su género e, inclusive, de sus decisiones. Vio a una mujer por la cual valía la pena morir y que iba a unir su corazón con el de Él, todo su corazón, y que nunca olvidaría eso. Ella vería que la senda solitaria por la cual había caminado por tanto tiempo fue lo que la trajo al pozo ese día. Todas las malas decisiones que había tomado y los sueños no realizados ayudaron a llevarla a Cristo, el Refugio.

El bien sucede

También es notable ver en esta reunión que Jesús se encuentra con la mujer cuando está absolutamente cansado. La palabra griega traducida como «cansado» es *kopio* en griego bíblico o *kopos* en griego secular, lo cual es la forma en que te sentirías después de haber sido golpeado físicamente. En otras palabras, Jesús está fatigado, exhausto, adolorido y cansado. Sin embargo, su amor lo impulsa a seguir caminando cuando quiere sentarse, a dejar que la multitud lo toque cuando quiere estar solo, y aquí, para alcanzar a una mujer que ha tomado malas decisiones para poder decirle que es amada.

Así que cuando Jesús se sienta, los discípulos se van al pueblo a comprar comida. Eso nos parecería razonable, pero es una indicación poderosa de que el corazón y la pasión de Cristo ya habían empezado a impactar a los discípulos. Era muy irregular que los hombres judíos fueran a un pueblo samaritano a comprar comida, pero Jesús los envió y ellos fueron. Él se quería encontrar con esa mujer a solas. Y eso no solamente es asombroso, agrégale esto: habló primero.

Era inusual que una mujer estuviese sola en un pozo, pero tal vez su reputación era conocida en el pueblo, así que vino cuando sabía que ninguna otra mujer iba a estar por ahí. La vergüenza es un peso cruel y aislador para soportar. Me acuerdo haber estado hablando con una mujer en una de mis conferencias, me dijo que estaba muy agradecida porque mantuvimos el auditorio a oscuras. Cuando le pregunté por qué, me respondió que allí habían unas mujeres que la conocían y que pensarían que ella no pertenecía en ese lugar.

«Tuve una aventura amorosa», dijo ella. «He tomado tantas malas decisiones y ahora no soy bienvenida donde me conocen».

¿No ser bienvenida donde te conocen, no es ese un pensamiento terrible?

Me pregunto si esa era la historia de la mujer samaritana, no ser bienvenida donde la conocían.

Jesús le dijo: «Dame de beber» (Juan 4.7).

La mujer estaba asombrada de que le hablara no solo un hombre, sino uno que era obviamente judío.

Entonces Jesús, a quien nunca se le conoció por entablar pequeñas pláticas, va directo al grano y a lo que ella necesita: «Si supieras lo que Dios puede dar, y conocieras al que te está pidiendo agua, contestó Jesús, tú le habrías pedido a él, y él te habría dado agua que da vida» (Juan 4.10).

La palabra hebrea que Cristo usa aquí para «dar» es *dorea*, que significa «regalo gratuito». Jesús no solamente ofrece un regalo gratuito, también le dice que el regalo gratuito es agua viva.

Me pregunto cómo le impactó eso a ella. Aquí estaba una mujer que probablemente vivía con una sequía en su alma y en su espíritu, viviendo solo el día a día, cuando un desconocido insólito con una mirada poderosa, le ofrece agua. Pero como Nicodemo, que tomó las palabras de Cristo al pie de la letra y quería saber cómo es que un hombre ya siendo grande podría entrar al vientre de su madre por segunda vez y volver a nacer (Juan 3.4), esa mujer quería saber exactamente cómo es que Jesús le iba a proveer de ese líquido refrescante cuando ni siquiera tenía un cubo.

Jesús fue directamente a la profundidad de su necesidad y su historia. Le dijo lo que cada uno de nosotros, que alguna vez ha tenido problemas en la vida antes de tener una relación con Él, sabe: Nada en esta vida nos satisfará por mucho tiempo. Aun las cosas que creemos que nos harían felices son momentáneas.

La mujer samaritana sabía que eso era cierto y Jesús estaba a punto de enfrentarla con una oportunidad para decir la verdad.

Él le pidió que se fuera a la casa y que trajera a su esposo al pozo. Un pedido interesante.

El momento de la verdad

Jesús le pidió a la mujer samaritana que hiciera algo que realmente no podía hacer, ya que no estaba casada con el hombre con quien estaba viviendo. ¿Podría ella decirle eso? Si le decía la verdad, Él probablemente se alejaría con repugnancia, como muchos lo habían hecho. Él podría avergonzarla. Así que quizás debía mentir y fingir que el hombre con quien estaba viviendo era su esposo.

Ese era su momento de la verdad. Al mirar a los ojos a Jesús, creo que decidió, cualesquiera fuesen las consecuencias, que no podía mentirle, así que le dijo la verdad a medias: «No tengo esposo» (Juan 4.17).

Consciente de que ella se arriesgaba un poco, Jesús le dijo que sabía toda la verdad. Una de las gracias más redentoras de Cristo es que nos dice toda la verdad sobre nosotros mismos sin avergonzarnos. Cristo reveló que no solo sabía que aquello era cierto, sino que sabía con quién es que estaba ahora y cuántas veces había estado casada antes.

¿Ves la confianza poderosa que ofrece esta promesa? Cristo sabe toda la verdad de nuestra historia, las partes que aceptamos y las que eliminamos, y nos invita a que las llevemos todas a la luz de su gracia.

Cristo sabe toda la verdad de nuestra historia, las partes que aceptamos y las que eliminamos, y nos invita a que las llevemos todas a la luz de su gracia.

La mujer debió haberse sentido totalmente expuesta, desnuda ante ese hombre que parecía conocerla mejor que ella misma. En ese momento ella captó que Jesús era un profeta, porque ¿de qué otra manera sabría Él la letra pequeña de su vida?

Ella finalmente había sido expuesta pero al amor y la gracia redentora de Jesús. ¿Podría ser que si ella no hubiese vivido una vida tan vergonzosa, no hubiese estado sacando agua sola en un tiempo en que sabía que otras mujeres no iban a estar presentes?

No estoy sugiriendo ni por un segundo que deberíamos pecar desvergonzadamente para ver cómo dispondría Dios, aun eso, para nuestro bien. Lo que estoy diciendo es que las mismas acciones que Satanás usaría para destruirnos, pueden ser usadas por Dios para ayudarnos a encontrar el camino a su corazón.

El bien para ella y por medio de ella

Lo asombroso de esta historia es la forma en que se nos muestra que Dios no solo dispone todas las cosas para nuestro bien, sino que además redime nuestras vidas y trabaja por medio de nosotros también.

Dios no solo dispone todas las cosas para nuestro bien, sino que además redime nuestras vidas y trabaja por medio de nosotros también.

Por ejemplo, la reputación de la samaritana era que se la pasaba saltando de un hombre a otro. Después de su encuentro con Jesús, no solo cambió su vida privada, sino que estaba a punto de cambiárselas a otros. ¡Se convirtió en una evangelista para el pueblo de Sicar! Lo único que tal vez le preocupaba era que todo su pasado, toda la vergüenza con la cual había cargado, afectaría su credibilidad. Ella sabía cuál era su reputación y cómo afectaría eso la forma en que otros la verían. Así que lo que hizo fue muy interesante.

Les dijo a aquellos que la escuchaban: «Vengan a ver a un hombre que me ha dicho todo lo que he hecho» (Juan 4.29). Por tanto, en vez de declarar: «Yo creo que este es el Cristo», ella lo puso como una interrogante, usando la palabra griega *meti*, la cual anticipa una respuesta negativa. Era como si hubiera dicho: «Este no puede ser el Cristo, ¿verdad? Al plantar una semilla de duda en esta forma, ella permitió que las personas se enterasen por sí mismas y fue sorprendente lo que sucedió:

> Muchos de los samaritanos que vivían en aquel pueblo creyeron en él por el testimonio que daba la mujer: «Me dijo todo lo que he hecho». Así que cuando los samaritanos fueron a su encuentro le insistieron en que se quedara con ellos. Jesús permaneció allí dos días, y muchos más llegaron a creer por lo que él mismo decía. Ya no creemos solo por lo que tú dijiste, le decían a la mujer; ahora lo hemos oído nosotros mismos, y sabemos que verdaderamente éste es el Salvador del mundo. (Juan 4.39–42)

Inicialmente la gente del pueblo creyó porque ella era una mujer cambiada. Había gozo y vida donde antes hubo vergüenza y muerte. Así que le pidieron a Jesús que se quedara con ellos unos días y muchos más creyeron mientras se sentaban a sus pies y lo escuchaban.

Si somos sinceros con nosotros mismos, todos somos, en cierto punto, esa mujer samaritana. Hasta que nos encontramos cara a cara con Cristo, estamos enterrados en pecado y perversidad, Él nos libera de la historia opresiva en la cual nos encontramos perdidos. Él nos lava y nos refresca con el agua de vida. Y tal como los recién bañados, nos envía con el privilegio de compartir con otros lo que hemos recibido. Eso fue lo que sucedió con la mujer samaritana debido al compromiso de Cristo de injertar su vida en la bondad de lo que Él es y todo lo que tiene planeado para ella.

Descansa con toda confianza que Dios tiene el control

A esta nueva creyente le fue dado el regalo de ver que en las manos de Dios, hasta los peores momentos de su vida podrían traerle bien a ella y a los que están a su alrededor. Jesús no buscó los más reputados del pueblo para compartir con ellos lo que era. Buscó no solo a una mujer, sino a una samaritana con una mala reputación, lo peor de lo peor de esa cultura, para demostrar que en las manos de Dios, hasta las cosas que nos han herido, pueden ser usadas por Él para sanarnos. No hay accidentes en el reino de Dios.

En las manos de Dios, hasta las cosas que nos han herido, pueden ser usadas por Él para sanarnos.

Tal y como lo escribió A. W. Tozer en su clásico espiritual: *We Travel an Appointed Way* [Viajamos por un camino designado]: «Para un hijo de Dios, no hay accidente. Él viaja por un camino designado».[1]

Podría concentrarme en esa verdad por un largo tiempo. Piensa en tu vida a través de esa ventana: *no hay accidente.* ¿Cómo te hace sentir eso? Podría ser difícil de aceptar, ya que han habido muchos momentos que han parecido ser crueles o fuera de control. ¿Cómo es posible que el cáncer de seno, los niños enfermos o cualquier otra tragedia sean para nuestro bien? Es un misterio que vale la pena discutir, porque una vez que captemos la verdad radical que está incluida en esta promesa, cambiará la manera en que vemos cada momento de nuestras vidas.

En su hermoso libro de devocionales, *Jesús te llama*, Sarah Young usa una palabra que me gusta muchísimo: *transformación*: «José es uno de los primeros ejemplos de esta transformación cuando dijo a sus hermanos: *Dios convirtió en bien el mal que ustedes quisieron hacerme*».[2]

Si por la gracia de Dios pudiésemos recibir la verdad de que todo en nuestra vida va a ser dispuesto para bien, transformaría no solo la manera en que aceptamos nuestras circunstancias, sino hasta el propósito de nuestras vidas: ser más como Cristo. En Romanos 8.29, el apóstol Pablo dice: «Porque a los que Dios conoció de antemano, también los predestinó a ser transformados según la imagen de su Hijo, para que él sea el primogénito entre muchos hermanos».

Ese es nuestro llamado: ser transformados, ser como Cristo. Nuestra confianza está en parecernos a Cristo.

No pretendo entender todo lo que has pasado, pero sí sé que eres amada y cuidada por un Maestro refinador que nunca aparta su vista de ti.

A través de los siglos, aquellos que hemos conocido a Cristo, percibimos eso. Me acordé de eso cuando estaba leyendo el libro de

Robert J. Morgan: *The Promise* [La promesa], sobre la vida de Amy Carmichael como misionera en la India. Un día, se llevó a unos niños a ver a un orfebre refinar oro. Él estaba sentado cerca de un fuego de carbón y había hecho un crisol usando dos tejas de techo. Puso una pepita de oro en el crisol cubierta con sal, tamarindo y polvo de ladrillo. De vez en cuando lo sacaba, dejaba que el oro se enfriara un poco, lo frotaba entre sus dedos, luego lo volvía a poner en el fuego otra vez y soplaba el fuego para que ardiera más que antes:

> «Al principio el oro no podía soportar que el fuego estuviese muy caliente, pero ahora sí puede», le explicó a los niños.
>
> Finalmente Amy preguntó: «Cómo va a saber cuándo es que el oro está purificado?»
>
> El orfebre contestó: «Cuando puedo ver mi rostro en él, entonces está puro».[3]

¿Ayudan todas las cosas a bien?

Cuando podemos ver el carácter de Dios reflejado en nosotros, sabemos que Él ha refinado algunas de nuestras impurezas.

Tal vez te hayas asombrado, como yo, de cómo Dios dispuso las cosas para bien en el caso de la mujer samaritana. Pero también puedes estar preguntándote: *¿Todas las cosas, todo, ayuda a bien?*

Es una pregunta legítima, así que veamos algo que sucedió en tiempos más modernos.

En el libro *They Knew Their God* [Ellos conocieron a su Dios], hay una historia acerca de Samuel Logan Brengle, que fue un líder en los primeros tiempos del Ejército de Salvación, cuyos escritos sobre la santidad son clásicos espirituales. El giro interesante en la historia de Samuel es que él nunca tuvo la intensión de ser escritor. Sus primeras aspiraciones eran ser político, pero sintió que Dios lo estaba llamando al ministerio pastoral, así que fue a matricularse en el Boston Theological Seminary [Seminario Teológico de Boston]. Como conferencista persuasivo, Samuel no solamente quería ser un buen predicador, sino el mejor. Por eso se vio a sí mismo siguiéndole los pasos a D. L. Moody, un orador del reino de Dios. Pero Dios tenía otros planes.

Cuando podemos ver el carácter de Dios reflejado en nosotros, sabemos que ha refinado algunas de nuestras impurezas.

Cuando escuchó hablar al fundador original del Ejército de Salvación, el general William Booth, Samuel fue profundamente conmovido por la pasión que tenía por la gente que estaba en la calle. Así que, a dos días de haberse casado con su esposa Elizabeth, navegaron hacia Londres para unirse al Ejército de Salvación. El general Booth no estaba convencido de que Samuel fuera apto para el Ejército porque parecía tener una voluntad un poco fuerte y era muy individualista. Trabajó a base de prueba por seis meses, pero su labor era de muy baja categoría. Limpiaba los zapatos de los otros hombres, iba a los servicios todas las noches y distribuía el periódico del Ejército de Salvación: *The War Cry* [El grito de guerra]. Después de seis meses, el general Booth se convenció del llamado de Samuel, y los Brengle regresaron a América como oficiales del Ejército de Salvación.

Una noche, mientras Samuel regresaba a casa de una reunión que había dirigido en Boston, un borracho que había sido sacado de la reunión por disturbios, le tiró un gran ladrillo en la cabeza. Por un tiempo, Samuel estuvo entre la vida y la muerte a causa del golpe. Le tomó dieciocho meses para recuperarse. Durante esos dieciocho meses, empezó a escribir. Inicialmente escribió artículos, pero estos fueron tan poderosos que fueron recopilados y publicados como el libro: *Helps to Holiness* [Ayudas para la santidad]. Poco después, Elizabeth le trajo el ladrillo que lo había herido.

En él, ella escribió: «Ustedes pensaron hacerme mal, pero Dios transformó ese mal en bien, para salvar la vida de mucha gente».[4]

Esto no se siente bien

Hay muchas cosas en la vida que no parecen ayudar mucho para bien. ¿Te sientes como la mujer del pozo? ¿Como el borracho? No importa quiénes somos, me atrevería a decir que todos hemos hecho algo o nos hemos convertido en alguien que creemos muy profundamente que es detestable para Dios, porque lo es para nosotros.

¿O qué si es algo que está fuera de nuestro control? Mientras estaba escribiendo este capítulo, recibí un correo electrónico de una mujer que quería saber qué bien podría salir de tener un niño con autismo severo.

«Nadie entiende», escribió ella. «Cuán doloroso es esto o lo sola que me siento».

Para esos momentos en la vida de esa madre y para todas esas situaciones de las que eres consciente o en las que te encuentras ahora mismo, es bueno prestar atención a los versículos anteriores de Romanos 8.22–27:

> Sabemos que toda la creación todavía gime a una, como si tuviera dolores de parto. Y no solo ella, sino también

> nosotros mismos, que tenemos las primicias del Espíritu, gemimos interiormente, mientras aguardamos nuestra adopción como hijos, es decir, la redención de nuestro cuerpo. Porque en esa esperanza fuimos salvados. Pero la esperanza que se ve, ya no es esperanza. ¿Quién espera lo que ya tiene? Pero si esperamos lo que todavía no tenemos, en la espera mostramos nuestra constancia. Así mismo, en nuestra debilidad el Espíritu acude a ayudarnos. No sabemos qué pedir, pero el Espíritu mismo intercede por nosotros con gemidos que no pueden expresarse con palabras. Y Dios, que examina los corazones, sabe cuál es la intención del Espíritu, porque el Espíritu intercede por los creyentes conforme a la voluntad de Dios.

Vivimos en un mundo caído, un planeta incierto. Ya no espero que las cosas sean de la manera que deberían ser, pero tomo gran consuelo, valor y fortaleza de la promesa de que en medio de nuestro dolor, el Espíritu Santo intercede por nosotros. En cuanto a mi entendimiento humano, pienso que la intensidad del gemido corresponde a la del dolor. Hay momentos en la vida cuando las palabras no salen. Tal vez te encuentres en un lugar que es más oscuro de lo que jamás te hubieses imaginado, y quieras gritar: ¿Cómo puede esto ayudar para bien?

Tienes un compañero de oración en el cielo, intercediendo por ti ante el trono de la gracia y la misericordia.

Quiero que sepas que tienes un compañero en el cielo, intercediendo por ti ante el trono de la gracia y la misericordia. Cuando no sepas ni de qué orar, el Espíritu Santo sabe. Él es Dios, lo cual significa que es Todopoderoso y Omnisciente. No estás sola. Cuando Dios te ve, no ve una cosa insignificante, sino una joya que vale la pena rescatar y traer hacia el propósito, el consuelo y la bienvenida que solamente Él puede dar.

Me imagino que si nos sentáramos con la samaritana y le preguntáramos si tomaría las mismas decisiones si viviera nuevamente, ella diría algo como esto: «Tomé muchas decisiones basadas en las partes dolorosas de mi vida. Pero cada lágrima, cada mala decisión me acercaba más al momento en que quedé cara a cara con Cristo. Únicamente por esa razón, no cambiaría ningún momento».

Al reflexionar en tu vida, oro para que puedas decir con plena confianza que aunque ha habido muchas vueltas en el camino, Dios usó cada curva para traerte al refugio que Él es.

5

Amor

No creo que alguien pueda amarme en realidad

La promesa

Pues estoy convencido de que ni la muerte ni la vida, ni los ángeles ni los demonios, ni lo presente ni lo por venir, ni los poderes, ni lo alto ni lo profundo, ni cosa alguna en toda la creación, podrá apartarnos del amor que Dios nos ha manifestado en Cristo Jesús nuestro Señor.

—Romanos 8.38–39

Cuando vine a América en los ochenta, una de las celebridades de la radio era Paul Harvey. Había algo en su voz que encontraba tan calmante, algo así como un abuelo que se sienta al lado del fuego, con sus ojos brillando, cautivándote con el cuento que estuviese narrando. Ya sea la declaración tranquilizante: «En tiempos como estos, es valioso recordar que siempre han habido tiempos así», o su despedida: «Soy Paul Harvey. ¡Buen día!» Me sonreía y me sentía un poco mejor con el día que tenía que enfrentar. Cuando él murió en el 2009, tenía noventa y nueve años de edad. Si vas a su sitio web, *www.paulharvey.com*, todo lo que queda es la siguiente declaración en inglés: Un árbol grande ha caído y ha dejado un lugar vacío frente al cielo...

De todas las historias que Paul narró a través de las siete décadas de radiodifusión, no creo que ninguna me haya impresionado tanto como la que contó el día de Navidad de 1965. Mientras estaba sentada en la iglesia, un domingo por la mañana, el pastor puso la grabación de Paul y su historia: «El hombre y los pájaros».

Esto es lo que recuerdo:

> Era víspera de Navidad y un hombre le dijo a su esposa y a sus hijos que no tenía planeado ir al servicio de medianoche con ellos. Les explicó que la idea de Dios convertido en bebé era demasiado para creerla, y que preferiría quedarse en casa. Poco después de que la familia se fue, empezó a nevar. Al mirar por la ventana, las ráfagas de nieve se intensificaron más y más, así que se acomodó en su sillón cerca del fuego para mantenerse caliente.
>
> Pocos minutos después, escuchó un golpe en la ventana, luego otro y otro más. Suponiendo que eran los niños de la vecindad los que estaban tirando bolas de nieve a la ventana, miró hacia afuera pero lo que vio le sorprendió. Vio una bandada de pájaros apiñados en la

nieve. Pensó que debieron haber estado tratando de evadir la tormenta y viendo las luces prendidas dentro de la casa, que volaron y chocaron contra la ventana por accidente. Sabía que si los dejaba en la nieve, iban a morir, así que decidió abrir la puerta del establo adonde los niños mantenían a su poni. Así que se abrigó bien, se puso unas botas, caminó fatigosamente por la nieve, abrió la puerta del establo y encendió las luces para llamarles la atención, pero los pájaros no iban. Regresó a la casa para conseguir pan y les dejó una senda a seguir desde lo más cercano a los pájaros que pudo hasta la puerta del establo, pero de todas maneras no la seguían. Trató de agarrarlos, pero tenían tanto miedo que se dispersaron por todos lados.

Fue evidente para él que los pájaros le tenían temor a esa criatura enorme que se les estaba acercando a través de la nieve. No lo reconocían; no le tenían confianza y no entendían que quería ayudarles. Cada vez que trataba de tocarlos, ellos se alejaban más y más de la ayuda.

Si pudiese ser un pájaro por un momento, pensó. *Entonces les podría decir que no tuvieran miedo y les hablaría en su propio lenguaje. Les podría enseñar el camino hacia el tibio y seguro establo. Pero yo tendría que ser uno de ellos para que pudiesen ver, escuchar y entender.*

Justo en ese momento, las campanas de la iglesia empezaron a tocar «Venid, adoremos».

Venid, adoremos, con alegre canto;
venid al pueblito de Belén.

Hoy ha nacido el Rey de los ángeles.
Venid y adoremos, venid y adoremos,
venid y adoremos a Cristo Jesús.
Cantadle loores, coros celestiales;
resuene el eco angelical.
Gloria cantemos al Dios del cielo.
Venid y adoremos, venid y adoremos,
venid y adoremos a Cristo Jesús.

Señor, nos gozamos en tu nacimiento;
oh Cristo, a ti la gloria será.
Ya en la carne, Verbo del Padre.
Venid y adoremos, venid y adoremos,
venid y adoremos a Cristo Jesús.

Entonces, mientras el sonido lo envolvía, se arrodilló sobre la nieve. El amor había cambiado todo.

La promesa del amor incesante

Esa es la promesa que Dios nos ofrece en Romanos 8.38, y no solamente de una manera leve, sino con una persecución incesante y una devoción inquebrantable. Qué regalo tan inefable, que Dios pudiese venir a nosotros en Cristo, en carne y hueso con la voz de un bebé, para mostrarnos el amor que tiene por nosotros. No solo vino como un bebé, sino que derramó su vida por nosotros para asegurar, hoy y por toda la eternidad, que nada nos puede separar del amor de Dios. Nada, ni tiempo, ni circunstancias, ni espacio. Él nos ama de por vida y nos dice: Yo te pertenezco y tú me perteneces para siempre. Qué consolador es saber que esa declaración es para cada momento que duele sentirte abandonada, no querida, no deseada. Qué paz y qué gozo brinda a la vida que ha sido rechazada. Una promesa como esa puede hacer que el alma solitaria y desesperada se atreva a establecer contacto con el mundo nuevamente. Una promesa como esa derrumba la pared del aislamiento y hace que pase suficiente amor para compartir.

Él nos ama de por vida y nos dice: Yo te pertenezco y tú me perteneces, para siempre.

Esa exactamente es la forma en que una promesa similar afectó a una mujer que conozco. Lo único es que ella no trató de obtener esperanza. Se aferró a ella con su propia vida.

En busca de amor

Por doce años, esta mujer a la cual le omitieron el nombre en los evangelios, había sido torturada, habían murmurado acerca de ella y había sido eludida. Era una marginada por una enfermedad que hacía que tuviera hemorragias. En la cultura judía, esa condición requería que la mujer que sangraba fuera considerada como sucia, eludida y excluida. Así que, por doce años, no tuvo pertenencia, ni comunidad, ni amor, ni siquiera un toque afectuoso. Había sido rechazada y forzada al aislamiento. No había podido ir a adorar a Dios en el templo, ni comer con los amigos porque cualquier plato que tocara o cualquier silla en que se sentara, sería ritualmente considerada sucia. Si hubiese estado casada, ya estaría separada de su esposo y de toda su familia. Veamos su historia de soledad y angustia:

> Después de que Jesús regresó en la barca al otro lado del lago, se reunió alrededor de él una gran multitud, por lo que él se quedó en la orilla. Llegó entonces uno de los jefes de la sinagoga, llamado Jairo. Al ver a Jesús, se arrojó a sus pies, suplicándole con insistencia: Mi hijita se está muriendo. Ven y pon tus manos sobre ella para que se sane y viva. Jesús se fue con él, y lo seguía una gran multitud, la cual lo apretujaba. Había entre la gente una mujer que hacía doce años padecía de hemorragias. Había sufrido mucho a manos de varios médicos, y se había gastado todo lo que tenía sin que le hubiera servido de nada, pues en vez de mejorar, iba de mal en peor. Cuando oyó hablar de Jesús, se le acercó por detrás entre la gente y le tocó el manto. Pensaba: «Si logro tocar siquiera su ropa, quedaré sana.» Al instante cesó su hemorragia, y se dio cuenta de que su cuerpo había quedado libre de esa aflicción. (Marcos 5.21–29)

Esta historia ocurrió después de que los gadarenos le suplicaron a Jesús que se fuera tras aquel exorcismo impresionante; así que Él y sus discípulos regresaron a la barca y navegaron de regreso a la orilla oeste de Galilea. Parecía que durante el ministerio de tres años de Jesús, la gente o le daba la bienvenida con brazos abiertos o le rogaban que se fuera. Su presencia siempre evocaba una respuesta poderosa y eso no iba a cambiar en Capernaúm.

Ahora en Capernaúm, una multitud lo espera. Aunque todos allí están ansiosos de ver a Jesús, hay dos personas desesperadas por un milagro. Una de ellas es esta mujer. La otra persona es Jairo, un oficial religioso judío, jefe de la sinagoga en Capernaúm, un hombre que tenía una hija en estado crítico.

Jairo le ruega a Jesús que vaya y toque a su hija para que sea sanada. Jesús se va con Jairo, aunque la multitud todavía lo sigue persiguiendo, y de hecho, empiezan a apretujarlo. Y allí es cuando se detiene.

Alguien, de entre la multitud, extendió la mano y tomó su milagro, y Jesús lo siente.

«¿Quién me ha tocado la ropa?», preguntó.

Cientos de ojos, los rostros desconcertados de la multitud de personas que lo estaban apretujando, se le quedan mirando inexpresivamente. Aunque todos estaban apoyándose en Él, niegan haberlo tocado.

Pedro le pregunta al Señor Jesús y casi puedes oír la incredulidad en sus palabras (lo cual solamente es narrado en Lucas 8.45): «Maestro, son multitudes las que te aprietan y te oprimen». *Todos te están tocando, Señor. ¿Quién no está tratando de tocarte?*

Los discípulos no lo comprendieron en absoluto. Ellos no entienden que para Cristo los milagros son muy valiosos. *Sintió* que salió poder de Él. No, eso no es a lo que me refiero, dijo Jesús. «No, alguien me ha tocado; yo sé que de mí ha salido poder» (Lucas 8.46). Solo Jesús está plenamente consciente de lo que sucedió en ese momento: Jesús y la persona que lo tocó, la mujer que tenía hemorragias.

Mírala un poco más de cerca y lo que este acontecimiento significó para ella. Tocar hasta el borde del manto de Jesús, lo que ella hizo, no fue cosa pequeña. Significó un riesgo grande para esa mujer. Bajo el Antiguo Testamento:

> Cuando una mujer tenga flujo continuo de sangre fuera de su período menstrual, o cuando se le prolongue el flujo, quedará impura todo el tiempo que le dure, como durante su período. Toda cama en la que se acueste mientras dure su flujo quedará impura, como durante su período. Todo aquello sobre lo que se siente quedará impuro, como durante su período. Todo el que toque cualquiera de estos objetos quedará impuro. Deberá lavarse la ropa y bañarse, y quedará impuro hasta el anochecer. (Levítico 15.25–27)

La Biblia no nos dice por qué esa mujer tenía hemorragias. Solamente podemos suponerlo: ¿Tendría fibromas uterinos? ¿Un desequilibrio hormonal? ¿Una infección para la cual no había cura en ese entonces? Imagínate: Esta mujer había vivido bajo la pancarta de «impura» por doce años. No solo estuvo alejada de las personas por siete días, sino por doce años más siete días.

Marcos, en el relato de esta historia, describe su condición como una aflicción. La palabra griega usada aquí es *mastigos*, la cual se traduce literalmente como «castigo severo». Cuando esta palabra es usada, combina dos elementos: sufrimiento físico extremo y vergüenza.

Esa mujer sentía dolor tanto en su cuerpo como en su alma.

Físicamente, sin duda, había perdido peso y hasta sus fuerzas. Debió estar peligrosamente anémica. En lo financiero, estaba arruinada. Marcos nos dice que había sufrido mucho por todos los doctores que la atendieron. Había tratado de todo para ver si hacía alguna diferencia. Los evangelios corroboran que había gastado cada centavo tratando de buscar ayuda, pero ningún tratamiento, diagnóstico ni régimen funcionó. De hecho, Marcos dice que se puso peor de cuando empezó.

¿Alguna vez has estado tan desesperada?

Tengo una querida amiga que descubrió que dar a luz a su hija le produjo esclerosis múltiple. Su vida cambió casi de la noche a la mañana. Era una mujer radiante y jovial, llena de vida y energía, pero se convirtió en una a la cual su cuerpo la traicionaba un poco más cada mes. Visitó un doctor tras otro, tratando lo que la medicina tradicional ofrecía, y hasta la medicina y los tratamientos no tradicionales. Incluso sometió su cuerpo a ser tratado con picaduras de abejas, de hecho, varias sesiones para ver si ese régimen resultaba. Fue increíblemente doloroso y al final no hizo nada.

En los evangelios, la mujer que tenía hemorragias estaba así: destrozada, aislada, completamente desesperada. Hoy en día hubiese encontrado un grupo de apoyo. En ese entonces, era una paria. Aparte de María Magdalena, la que Jesús liberó de siete demonios (Lucas 8.2), no pienso que hubo una mujer más desdichada en todo el Nuevo Testamento. Y aun así, aunque no tenía amor, no perdió la esperanza de que un momento de designio divino podría estar a su alcance.

El amor hace que te arriesgues

Hay revuelo en Capernaúm y todos los pueblos alrededor de Galilea con las noticias de los milagros de Jesús. Dondequiera que uno vaya, la gente es sanada, restaurada con vidas de propósito y gozo. La mujer que tenía hemorragias oyó esas noticias y corrió hacia la orilla del mar ese día, con la esperanza de tener su propio milagro, esperando poder vislumbrar a ese asombroso Jesús. Algo sobre esa desesperación que alimenta el fuego, las ascuas persistentes de los «qué si» y los «si solo».

Si logro tocar siquiera su ropa, quedaré sana, piensa la mujer que tenía hemorragias (Marcos 5.28). Se aferra a la esperanza de que Jesús puede hacer lo que nadie más puede, lo que ninguna legión de doctores tampoco puede.

Pero hay una multitud tan grande alrededor de Jesús, que tendría que movilizarse a través de las mismas personas, que por más de una década, la habían llamado impura e intocable. Todos están tratando de conseguir un mejor lugar para ver a Jesús, para estar cerca de Él, inclusive ese hombre destacado, Jairo. Y Jesús se está deteniendo para escuchar a Jairo y se está poniendo de acuerdo para irse con él.

¿Qué puedo hacer?, se pregunta ella.

La mujer hace una pausa. Ella no tiene ningún derecho aquí. Ni siquiera debía estar ahí. Ella es impura, intocable. Cualquiera o cualquier cosa que la toque también va estar impura e intocable, por lo menos siete días. Además, ¡no le puede pedir a Jesús que la sane antes de que se vaya a la casa del líder de los rabíes de Capernaúm, a quien su hija de doce años se le estaba muriendo! Ella era la antítesis de la hija de Jairo, que era amada, defendida y atesorada, con mucha vida por delante. Nadie luchaba ya por esa mujer. Ella no tenía ningún campeón.

¿Has estado allí alguna vez? ¿Estás ahí ahora mismo? Quizás aprendiste hace mucho tiempo que los cuentos de hadas son crueles en cuanto a sus promesas, porque nadie viene al rescate.

Pero la posibilidad de conseguir amor, uno transformador y sanador, es muy grande. La mujer toma una decisión que cambiará su vida. No importa lo que le cueste, ¿Cómo podría empeorar su situación? De todas maneras, ya lo había gastado todo: sus finanzas, su propia vida. En efecto, ella es una muerta andante.

Sus encrucijadas me hacen pensar en un punto muy bajo de mi propia vida. Una amiga me había dicho: «Cuando el dolor de permanecer de la misma manera es más grande que el del cambio, entonces vas a cambiar».

Esa declaración sencilla pero profunda ha permanecido conmigo y me vino a la mente ahora. Hay veces en que el lugar donde nos encontramos, aunque sea muy doloroso, puede ser familiar y darnos un sentimiento de comodidad que no es saludable. ¿Alguna vez has estado en un lugar donde sabías que Dios te estaba llamando para que salieras de allí y tomaras las riendas de tu vida, pero era muy espeluznante?

La mujer que tenía hemorragias estaba en ese lugar. Ella enfrentaba la posibilidad de la humillación pública y la sanción de la multitud y, lo que es peor, la del rabí y la de Cristo mismo. Ella sabía que el momento en que tocase a Jesús, lo haría impuro. Si iba a ser ritualmente impuro por los próximos siete días, Él no iba a poder entrar a la casa de Jairo. ¿Sería que el deseo de ser sanada le costaría la vida a esa niña? A pesar de las consecuencias, ¿Cómo podría seguir viviendo así cuando la posibilidad de cambio estaba allí mismo?

No vale la pena

Pensarías que el problema de esa mujer en cuanto a su condición social y su soledad sería suficiente tortura, sin mencionar las opciones que está ponderando entre su sanidad y la vida de una niña. Pero ¿puedes imaginarte qué clase de angustia mental y emocional debió haberse arraigado dentro de su mente y de su corazón? Tal y como los demonios rasgaron al pobre hombre que estaba viviendo entre los muertos, la mujer que tenía hemorragias ha estado luchando contra sus propios demonios del odio a sí misma, grabaciones que han seguido repitiéndose en su mente por *doce años*.

Tú conoces estas mentiras. Todos las hemos escuchado antes y especialmente cuando Dios nos llama a arriesgarnos y a amar como Él:

¿Quién crees que eres?
¡Nunca vas a cambiar!
No hay esperanza para ti.

Si la gente supiera quién eres en realidad, nadie te querría.
¿Por qué sigues tratando? Las cosas nunca van a cambiar.
¡No vales nada!

Una de las estrategias más grandes del enemigo es hacernos creer que no somos dignos de ser salvados ni amados. Él nos va a atormentar con sus malas acusaciones. Pero hay algo que podemos recordarnos unos a otros, que nadie pudo hacerle recordar a esa mujer ese día, y es esto: Satanás no es omnisciente. A diferencia de nuestro Padre, que conoce nuestros pensamientos antes de que los pensemos, el enemigo no. Las canciones de David nos recuerdan esto:

> Señor tú me examinas,
> tú me conoces.
> Sabes cuándo me siento y cuándo me levanto;
> aun a la distancia me lees el pensamiento.
> Mis trajines y descansos los conoces;
> todos mis caminos te son familiares.
> No me llega aún la palabra a la lengua
> cuando tú, Señor, ya la sabes toda. (Salmo 139.1–4)

Esta es la clave para entender la promesa de Dios de que nos ama. Él nos da herramientas para creer y para arriesgarnos, y para aferrarnos a Él. Satanás te puede susurrar una mentira, pero no controla si la vas a creer o no. El amor de Cristo no conoce límites, no reconoce calificaciones. Algunas culturas exaltan a los hombres por encima de las mujeres, pero Jesús no. Algunas naciones le dan más importancia al hombre blanco que al negro, pero Jesús ve más allá del color de la piel con un amor que penetra cualquier prejuicio. A cualquier cosa que haya en tu vida y que te haga sentir separada —sea una calificación: «divorciada», «sin hijos», «enferma», «desempleada», «enferma mental»—, el apóstol Pablo le dice que nada en toda la creación podrá separarnos del amor de Dios en Cristo Jesús nuestro Señor.

El amor de Cristo no conoce límites, no reconoce calificaciones.

Por supuesto que hay cosas en esta vida que nos presionan como aquella multitud, amenazándonos con distanciarnos de Dios y de su amor. Te puedes replegar, pero también puedes tratar de ejercitar la fe de la mujer que tenía hemorragias.

Intenta con esto. En esos momentos difíciles, cuando te estés preguntando si Dios te ama o no, piensa que estás parada en lo alto de las escaleras. Escucha esa primera mentira: *A Dios no le importa. No hay esperanza.* Si decides dejar que esa mentira se te filtre, es porque bajas un escalón. Al ir aceptando más y más las mentiras y la desesperación, tus pasos agarran impulso hasta que te encuentras al final de las escaleras, desplomada y derrotada.

Pero si rechazas la primera mentira, el enemigo no puede llevarte hacia abajo. El problema es que sus mentiras son tan sutiles al principio y se alimentan con lo que sentimos con nosotros mismos, que son como una grabación familiar que sigue repitiéndose una y otra vez en tu mente, diciéndote cosas negativas que has escuchado por años.

Tú puedes detener esa grabación. No es algo que se hace de una vez, pero puedes empezar reemplazando cada mentira con la Palabra de Dios, sus promesas, extendiéndote hacia el borde del manto de Jesús.

El lugar de la promesa eterna es Jesús, el lugar donde un milagro puede ocurrir, porque para cada problema hay una promesa.

El lugar de la promesa eterna es Jesús, el lugar donde un milagro puede ocurrir, porque para cada problema hay una promesa.

El problema: *«Me abruma la ansiedad»*.

La promesa (Filipenses 4.6–7): «No se inquieten por nada; más bien, en toda ocasión, con oración y ruego, presenten sus peticiones a Dios y denle gracias. Y la paz de Dios, que sobrepasa todo entendimiento, cuidará sus corazones y sus pensamientos en Cristo Jesús».

El problema: *«¡Nadie ve todo lo que tengo que cargar!»*

La promesa (Mateo 11.28): «Vengan a mí todos ustedes que están cansados y agobiados, y yo les daré descanso».

Al enemigo le encantaría hacernos tropezar y caer, para que nunca nos acerquemos a Cristo, que está encubierto en la promesa del amor de Dios. Pero nosotros podemos escoger entre aceptar las mentiras del enemigo o no. Él cuenta con el hecho de que esta estrategia le ha funcionado antes pero, por la gracia de Dios, podemos cambiar eso. Y una mujer en la que nadie creía y había sido rechazada está a punto de enseñarnos cómo hacerlo.

De desesperada a hija

Me asombra que esa mujer desechada y físicamente débil, que debió haber caminado por más de cuarenta y cinco kilómetros para llegar a Capernaúm, siguió moviéndose. Apenas Jairo le suplicó a Cristo que fuera a su casa, debió haber un cambio de impulso, una urgencia en los pasos de Cristo y de sus seguidores, al dirigirse al lugar donde la niña estaba acostada muriéndose.

La mujer debió haber gemido, ya que su oportunidad de ser sanada estaba caminando el doble de rápido a través de las calles de Capernaúm. Su oportunidad se estaba desvaneciendo mientras Jesús caminaba a través de la multitud.

Pero ella reconcentra sus fuerzas. Decide creer que todavía hay esperanza. Con cada pizca de fuerzas que le queda en su cuerpo, empuja a través de la multitud y extiende su mano para tocar el borde del manto de Cristo. Un toque es todo lo que puede hacer. Incluso es todo lo que necesita, inclusive un toque efímero de amor, cuando no has sido amada ni tocada por tanto tiempo. Así que cuando vio una ranura pequeña, extendió la mano y tocó el borde del manto de Jesús. «Al instante cesó su hemorragia, y se dio cuenta de que su cuerpo había quedado libre de esa aflicción» (Marcos 5.29). La palabra traducida como «borde» en griego es *kraspedon*, que significa: «filo, borde, dobladillo de una prenda de vestir». Pero también puede referirse a la borla que los israelitas usaban en las cuatro esquinas del manto. ¿Por qué extendió la mano hacia el borde de su borla, en vez de su brazo o su mano? Parecería que solo tenía fuerzas para tocar la última parte de Cristo mientras iba caminando. Al arrodillarse en la tierra y con el polvo por todos lados debido a la multitud, tomó los últimos vestigios de esperanza y los gastó en un solo toque.

La hemorragia cesó. Así nada más. ¿Lo sentiría de una vez? ¿Te puedes imaginar cómo debió haber sido eso? Ella vivió con el viento de la vergüenza soplándole en la cara, año tras año y, en un momento, simplemente dejó de soplar. El dolor desapareció. Ella se hizo pura. Se reavivó. En vez de derramar sangre, una nueva vida y un poder estaban atravesando sus venas.

Cuán fácilmente pudo haberse deslizado esa mujer entre la multitud, eufórica por el milagro, contenta de saber que había recibido lo que necesitaba. Hay indicios de que iba a tomar su sanidad y se iba a ir; ella no lloró ni exclamó; ni siquiera trató de detener a Jesús para darle las gracias.

Pero Jesús no nos da lo que nosotros *creemos* que necesitamos. Él da lo que *sabe* que necesitamos, y nos da basado en su amor por nosotros, un amor profundo e innegable. Jesús quería que esa mujer, que había vivido por mucho tiempo en aislamiento, sin ser amada, ni tocada, recibiera no solo la solución de sus aflicciones, sino una relación con Él, la cual cambiaría todo; y la restauración con su familia y su comunidad. «Al momento también Jesús se dio cuenta de que de él había salido poder, así que se volvió hacia la gente y preguntó: ¿Quién me ha tocado la ropa?» (Marcos 5.30).

Jesús no nos da lo que nosotros* creemos *que necesitamos. Él da lo que* sabe *que necesitamos, y nos da basado en su amor por nosotros, un amor profundo e innegable.

Cuenta tu historia

Los discípulos pensaron que esa fue una de las preguntas más ridículas de Jesús. La multitud estaba empujándolo, presionando para tratar de verlo mejor. Los niños debieron haber estado jugando a sus pies y sin duda Jairo debió estar casi corriendo, guiando a Jesús rápidamente. ¿Qué es lo que Jesús quería decir cuando preguntó: «¿Quién me ha tocado la ropa?»

Pero Jesús sabía. Él lo sintió. Sintió el poder de Dios fluir por Él. Y no hizo la pregunta porque no supiera la respuesta, ni porque quería que le agradecieran, ni porque quería humillar a la mujer enfrente de la multitud. Preguntó porque la amaba mucho. Quería darle mucho más de lo que ella supiese pedir. Ella quería que su cuerpo fuese sanado, pero Jesús quería que su mente, su espíritu y sus relaciones también sanaran.

Es interesante saber que la palabra hebrea para «salvación» es *sozo* y significa «ser salvado», «ser sanado» y «ser completo». Si la mujer que tenía hemorragias se hubiese ido sigilosamente, ¿se hubiese preguntado ella si había robado un milagro? ¿Sabía ella que Jesús ya conocía quién era y que no iba a haber juicio en cuanto a su condición, solo sanidad? Pero nota que Jesús no la señaló cuando ella lo tocó y dijo: «Fuiste tú, ¿no es así?» Él dejó que ella decidiera si quería dar un paso adelante o no: «La mujer, sabiendo lo que le había sucedido, se acercó temblando de miedo y, arrojándose a sus pies, le confesó toda la verdad» (Marcos 5.33).

Toda la verdad

Qué regalo más maravilloso le dio Cristo a esa mujer. Le dio espacio para decirle toda la verdad y, en ese momento tan vulnerable, una oportunidad para ser vista y amada por completo.

¿Le has dicho alguna vez a Jesús toda la verdad? Es un pensamiento medroso para algunos de nosotros, sin embargo, la gran ironía es que Él ya sabe toda la verdad y nos ama de todas maneras. Si la mujer hubiese huido ese día, su cuerpo pudiese haber sido sanado, pero ¿sería entonces la vergüenza residual su nueva aflicción continua?

Pero, esa mujer desechada, valiente y sanada, se arrojó a los pies de Jesús y le dijo todo. No sabemos lo que dijo, pero me imagino que le contó cómo empezó su aflicción y todo lo que le costó. Le dijo lo sola que había estado por tanto tiempo. Le habló sobre la vergüenza, el dolor y el temor. Quizás tenía la esperanza de recibir misericordia, pero recibió mucho más: «¡Hija, tu fe te ha sanado!, le dijo Jesús. Vete en paz y queda sana de tu aflicción» (Marcos 5.34).

Esta es la única vez en las Escrituras en donde Cristo se dirige a una mujer como «hija».[1] ¡Qué bienvenida más tierna e inclusiva para alguien que había sido una paria por tanto tiempo! Todos los que estaban alrededor de Cristo ese día, le oyeron decir esas palabras. Él declaró que fue su fe la que le trajo sanidad y la hizo completa, y luego le dio la despedida con una oración de bendición y de paz.

No escuchamos más de ella en las Escrituras, pero me pregunto cómo sería el resto de ese día. Si estaba casada, no había podido tocarle la mano a su esposo por doce años, ni besarle las mejillas a su mamá, ni sentarse a la mesa para disfrutar una buena comida con sus amigos, y reírse y hablar sobre la vida. En mi imaginación, la veo en un regreso imprevisto a su familia, aproximándose a su casa. Si el periodo de espera todavía estaba vigente, aun después del milagro, seguro que la familia ya había oído acerca de su sanidad. ¿Sabían ellos que su madre, a quien no habían visto hacía mucho tiempo, estaba regresando a casa?

Tal vez pululaban alrededor de la casa, el papá, los hijos, recogiendo todo después de la comida, cuando la puerta empezó a abrirse lentamente.

¿Qué pasó con la hija de Jairo?

Con todo lo maravillosa que fue la sanidad y la restauración, si yo fuera Jairo, hubiese estado completamente indiferente. Tal vez me habría molestado o hasta enojado. Su hija agonizante es su única preocupación. A este punto, todo lo que le está pasando por la mente es llegar a casa. Él está consumido por la urgencia. Su corazón está latiendo fuertemente. Cada segundo que Jesús gasta aquí, tomando tiempo para escuchar la historia de esa mujer que tenía hemorragias, es otro segundo que su hija está más cerca de la muerte. Y entonces llega la noticia: «Tu hija ha muerto», le dijeron. «¿Para qué sigues molestando al Maestro?» (Marcos 5.35)

Jairo debió estar a punto de gritar, pero Jesús oye la noticia y voltea a mirar al jefe de la sinagoga y le dice: «No tengas miedo; cree nada más» (Marcos 5.36).

Entonces, dejando a la multitud y permitiendo que solo Pedro, Jacobo y Juan (el hermano de Jacobo) lo acompañaran, va a la casa de Jairo. Quizás sabía que había una buena cantidad de gente allí, llorando y gimoteando el canto fúnebre. Jesús mira el dolor delirante, tienes que ver el amor y la compasión en sus ojos. Él ofrece palabras para calmar a la gente que estaba llorando, para darles paz. «¿Por qué tanto alboroto y llanto? La niña no está muerta sino dormida» (Marcos 5.39).

La gente se ríe de Jesús. Pero este no tiene tiempo para entretener a la multitud. Echa a todos fuera de la casa, excepto a Jairo y a su esposa, a Pedro, a Jacobo y a Juan. Las acciones de Jesús nos dicen que: Este no es un lugar para risas, burlas e incredulidad. Él va hacia donde está la niña y le toma la mano. «Niña, a ti te digo, ¡levántate!» (Marcos 5.41).

Enseguida, la niña se levanta y empieza a caminar:

¿Qué clase de amor es este?

Me parece interesante que la hija de Jairo tenga *doce* años.

Piensa en los paralelismos de este día. Por doce años la mujer que tenía hemorragias, luchó y sufrió, fue desechada y marginada. Por doce años Jairo amó a su niña. Me pregunto si Jairo se sentó esa noche y reflexionó sobre la extraña «coincidencia», como algunos la llamarían, que por cada día de vida de su hija esa mujer había estado en dolor. Cuando su niñita aprendió a gatear, esa mujer estaba con su dolor. Cuando su niñita dio su primer paso, la mujer estaba sufriendo. Cuando su niñita estaba lo suficientemente grande como para pasar la noche en casa de su mejor amiguita, esa mujer aún estaba llorando en la oscuridad.

Esta no fue una coincidencia, ilustra muy claramente dos cosas acerca de Dios y su promesa de amarnos. Primeramente, tu posición en la vida no afecta al amor que Dios tiene por ti. Cristo trata a cada persona, ya sea joven o vieja, enferma o muerta, con una dignidad que no hace nuestro mundo. Él no le dijo a la mujer: «Me gustaría escuchar tu historia, después que resuelva lo de la hija de este hombre importante». No, Él le dio todo el tiempo que ella necesitaba allí mismo.

La segunda cosa es un misterio más grande. La hija de Jairo solamente tuvo que luchar por un corto periodo de tiempo antes de que Cristo la sanara, pero la mujer que tenía hemorragias tuvo que esperar doce años.

¿Qué clase de amor es ese?, preguntarían algunos.

¿Puede alguien contestar? Una niña murió y fue resucitada rápidamente. Una mujer sufrió por muchos años hasta que al fin su salud fue restaurada. ¿Es que una prueba fue peor que la otra? ¿Es que una de las condiciones fue más horrible que la subsiguiente?

Una clase de prueba —o de dolor— no puede ser considerada como más severo o más horrible que otra. Dolor es dolor, sea el de una niña o el de una mujer. Sufrimiento es sufrimiento, duela por un corto tiempo o por años. Pérdida es pérdida, sea por un momento o para siempre. Hay algunas cosas en esta tierra que nunca vamos a entender. Pero el amor que lo sana todo, lo transforma todo y da vida a todo es el mismo. El amor que hizo que Jesús le diera a la mujer intocable no solo sanidad física sino integridad espiritual y emocional, también sacó por la mano a una niña muerta en las garras de la muerte. Su amor anhela tocar cada vida y permitir que este amor regrese a Él.

Por tanto, déjame hacerte una pregunta: ¿Por cuánto tiempo has estado sangrando? Muy pocas de nosotras llegará a saber la clase de perdida física de sangre que esa mujer enfrentó, pero ¿por cuánto tiempo has estado sangrando a causa de la vergüenza o de una herida tan grande que piensas que nunca va a sanar? Te invito a que regreses a los pies de Cristo y, esta vez, cuéntale toda tu historia.

Ni la muerte ni la vida, ni los ángeles ni los demonios, ni lo presente ni lo por venir, ni los poderes, ni lo alto ni lo profundo, ni cosa alguna en toda la creación, podrá apartarnos del amor que Dios nos ha manifestado en Cristo Jesús nuestro Señor.

6

Gracia

He fracasado

La promesa

Te basta con mi gracia, pues mi poder se perfecciona en la debilidad.

—2 Corintios 12.9

Nunca olvidaré el funeral de mi suegra, Eleanor. Fue la primera vez que vi el cuerpo de un muerto. Cuando crecía en Escocia, el director del funeral recogía el cuerpo y la familia no vería al familiar hasta que el ataúd estuviese sellado. Eleanor murió por los estragos de un cáncer de colon que se le propagó hacia el hígado. Con casi setenta años de edad, era una mujer relativamente joven.

En sus últimos días, me preguntó si le podía hacer un par de cosas después que falleciera y antes de que su cuerpo fuese visto por aquellos que le presentaran sus respetos, ya que honrar los respetos es algo muy importante en Charleston, Carolina del Sur, la cual era su ciudad natal. Me pidió que fuera la primera persona que la viera y que me asegurara de que se veía como ella quería. Me pidió que le revisara el cabello y que le pusiera los aretes que yo usé el día de mi matrimonio. También me pidió que le pusiera alrededor del cuello un collar que a Christian le gustaba morder cuando le estaban empezando a salir los dientes, y que si podía metiera en el ataúd una foto de ella con Christian.

Estas cosas tal vez no sean enormes para aquellos que están más familiarizados con esta parte del ritual de la vida y la muerte, pero para mí fueron abrumadoras. Yo estaba muy nerviosa ante la perspectiva, pero era importante para ella y no le podía decir que no.

Cinco de nosotros fuimos a la funeraria ese día. Nuestras queridas amigas Mary Graham y Ney Bailey nos acompañaron a Barry, a su papá y a mí. El director de la funeraria, que era amigo de la familia, nos llevó al cuarto donde se encontraba el ataúd, que estaba en un extremo de una mesa. Todos nos quedamos atrás por un momento. Luego con aretes, collar y foto en mano, pasé al frente.

Una muñeca china de porcelana, pensé. Para mí, así era exactamente cómo se veía Eleanor. Su cabello y su maquillaje se veían bien y había cierta clase de elegancia en cuanto a sus facciones serenas. Elegancia puede parecer una palabra extraña para este caso, pero Eleanor siempre, como yo, hablantina, era exactamente como los estereotipos de su cabellera pelirroja; solo que ahora parecía estar casi con aplomo y serena.

Fue solo cuando me incliné para ponerle el primer arete y que mi mano rozó sus mejillas frías y cerosas, que desperté a la realidad. Le puse el otro arete en la otra oreja, añadí el collar y adjunté la fotografía de Eleanor con Christian a la almohada de satín que estaba en la tapa del ataúd. Al moverle una parte del cabello hacia donde yo sabía que ella se lo peinaba, la última conversación que tuve con ella empezó a resonar en mi mente.

—¿Sheila? —me preguntó—. Sé que hemos hablado de esto anteriormente, pero ¿realmente crees que Dios me ama tanto como a ti?

—Lo sé con todo mi corazón —le dije.

—Yo no estoy tan segura. ¿No crees que Él te ame más que a otros? Los buenos, aquellos que le entregan toda su vida, aquellos que no cometen tantos errores?

—Mamá, el amor de Dios por nosotros se basa en lo que Él es y no en nuestras acciones —dije yo. Justo cuando dije eso, pensé en una de las expresiones favoritas de Eleanor: «¡Enderézate y pórtate bien!»

—Mamá, sé que la mayor parte de tu vida has creído que el amor de Dios está basado en si tomamos buenas o malas decisiones, pero la cruz aclara que ninguna cantidad de buenas decisiones es suficiente. Eres amada de la misma manera tanto en los días en que sientes que has hecho un buen trabajo como en los que sabes que lo echaste todo a perder.

—Sé que crees eso —susurró—. Solamente que es difícil de comprender.

Eres amada de la misma manera tanto en los días en que sientes que has hecho un buen trabajo como en los que sabes que lo echaste todo a perder.

La promesa de gracia

Eleanor tenía razón. Es difícil creer que Dios nos ama a todos por igual, sin medida ni mérito, y que su gracia nos refugia a pesar de lo que hagamos o lo que no terminamos de hacer. Pienso que es muy difícil porque no existe ninguna otra relación como esa aquí en la tierra. Cada relación que tenemos es afectada, a cierto punto, por la forma en que nos comportamos y por lo que decimos.

Cuando tenemos una amistad y abusamos de la relación, en cualquier manera, hay consecuencias. Nos distanciamos más y somos más formales. A veces, si nuestro comportamiento es lo suficientemente inapropiado, nos va a costar ese amigo. Para el niño que chilla, grita o rehúsa escuchar a uno de sus padres, hay causa y efecto. En un matrimonio, una pareja se para frente a Dios, la familia y los amigos, para prometer amarse uno al otro hasta que la muerte los separe. Sin embargo, la mitad de los matrimonios terminan en divorcios a causa de nuestro comportamiento y las decisiones que tomamos.[1] Cada una de las relaciones terrenales nos confirman que el amor y la aceptación son condicionales y que podemos echarlo a perder de un momento a otro.

Es por eso que ser amado por siempre basado en nada más que en la habilidad de otro de amar incondicionalmente es, como dijo Eleanor, «difícil de comprender». ¿No es cierto que a todos nos resulta dificultoso creer en un amor así, en una gracia tal como esa? ¿No es cierto que nos damos cuenta de que el amor terrenal nos falla, tanto intencionalmente, o como en el caso de la muerte o las separaciones trágicas, sin intención?

Mientras estaba trabajando en este capítulo, tomé un receso para comer un refrigerio y prendí la televisión. El programa de *Family Feud* [Contienda entre familias] estaba por empezar. No sé si alguna vez has visto este programa de juegos, pero la premisa básica es que hay dos familias compitiendo para ganarse un premio de dinero en efectivo. Le hacen una pregunta como: «Denme el nombre de algo que pueden comprar sin que se lo tengan que probar». Los dos equipos tienen que salir con las respuestas más populares que han dado cien personas que han sido entrevistadas. Me estaba sentando para comer mis galletitas con queso, cuando formularon la pregunta: Denme el nombre de algo que cambia el hombre cuando hace mucho dinero. Casi me atraganto cuando me di cuenta de que la respuesta número uno fue: «¡Su esposa!» No es de extrañar que sea por eso que nos es difícil aceptar el amor incondicional de Dios. El único lugar en donde encontramos un amor como este es en el corazón de Dios nuestro Padre, expresado en esta tierra por medio de Cristo, su Hijo. Esa clase de amor divino es gracia.

Cuando piensas en la palabra *gracia*, ¿qué te viene a la mente?

Siempre escuché describir la gracia como «un favor no merecido». El concepto que da el Antiguo Testamento acerca de la gracia puede describirse de esa manera también, pero añade otras ideas que pueden ser un poco confusas. En este caso, la traducción griega más vieja del Antiguo Testamento, llamada la Septuaginta, traduce «gracia» como «favor». Por ejemplo: «Pero Noé contaba con el favor del Señor» (Génesis 6.8). Y luego la misma palabra para gracia es usada en Génesis 32.5, donde Jacob después de haberle robado los derechos de primogénito a su hermano Esaú, dice: «con la esperanza de ganarse su favor». Así que se ve claramente que le fue mostrado favor a Noé por la forma en que vivía, pero entonces aparece Jacob y la idea del perdón es establecida porque él buscó el favor de Esaú a causa del agravio. Añádele a estas dos ideas, una más: mira cómo Dios lidiaba con los israelitas y verás su gracia definida como «misericordia» y «favor» mostrado una y otra vez, mientras que los israelitas se rebelan y se alejan de Él. Un ejemplo es cuando Moisés golpea la roca dos veces en vez de haberle hablado como Dios le había ordenado. A Moisés no le fue permitido entrar a la tierra prometida de Canaán por su transgresión (Números 20).

En el Nuevo Testamento se desborda una oleada fresca de gracia sobre nosotros. En el griego, la palabra que se usa para «gracia» es traducida *charis*, de la cual conseguimos la palabra *caridad*, que también significa «amor», «buena voluntad» y «favor». Para participar en esta gracia, este favor inmerecido, el único requisito es una relación con Jesucristo:

> Por tanto, así como una sola transgresión causó la condenación de todos, también un solo acto de justicia produjo la justificación que da vida a todos. Porque así como por la desobediencia de uno solo muchos fueron constituidos pecadores, también por la obediencia de uno solo muchos serán constituidos justos. En lo que atañe a la ley, ésta intervino para que aumentara la transgresión. Pero allí donde abundó el pecado, sobreabundó la gracia. (Romanos 5.18–20)

Pablo enfatiza esto cuando les habla a los romanos. La gracia de Dios, dice, es gratuita pero nunca debe ser vista como una licencia para pecar: «¿Qué concluiremos? ¿Vamos a persistir en el pecado, para que la gracia abunde? ¡De ninguna manera! Nosotros, que hemos muerto al pecado, ¿cómo podemos seguir viviendo en él?» (Romanos 6.1–2). Así que por un lado, tenemos este regalo que nunca podemos ganárnoslo o pagar por él; y por el otro, somos llamados a una relación en la cual cuanto más nos acercamos al corazón de Dios, más nos parecemos a Él y menos queremos pecar.

Parece complicado, ¿verdad? No obstante, una cosa es clara como el cristal: Dios siempre es el iniciador de este amor y de esta misericordia, de la clase de fortaleza que llena nuestras debilidades, la clase de perfección que cubre nuestras imperfecciones, y la clase de refugio que nos dice: «Voy a cuidarte y amarte a través de todos tus fracasos». Dios es el que nos persigue, quien nos corteja a este lugar de gracia, el refugio de sus promesas.

Dios es el que nos persigue, quien nos corteja a este lugar de gracia, el refugio de sus promesas.

Mi hijo de trece años de edad define esta clase de gracia como «perdón». Cuando le pedí que me lo explicara, me dijo: «Bueno, cuando piensas que Él es Dios y no nosotros, no hay razón para que nos siga amando cuando fallamos. Pero nos ama. Nos perdona. Eso es gracia».

Sí, eso es gracia.

Si fallamos, Él lo arregla. Si somos débiles, Él es fuerte. Si no controlamos nuestras imperfecciones, Él se apresura para tocarnos y mostrarnos amorosamente la forma en que nos ve y nos llama a ser. Él escucha nuestras dudas y temores pacientemente, y declara: *Te estoy diciendo con todo mi corazón, que eres amada de la misma manera en los días cuando sientes que has hecho un buen trabajo, como en los que sabes que has fallado. Eres amada y siempre lo serás, y voy a amarte y perdonarte hasta el final.*

La magnitud de la gracia

Jesús enfatizó esta verdad —que Dios nos persigue—, cada vez que contaba historia tras historia en su ministerio. Casi cada ilustración que dio era para recordarnos la voluntad de Dios y el extremo al cual la gracia se ha de extender para alcanzarnos. Tres de sus parábolas, en particular, son claras en cuanto a los fracasos y cómo Dios interviene para llenar el vacío, que dejaban las cosas o las personas que estaban perdidas: La oveja perdida, la moneda perdida y el hijo perdido. En cada historia, el tema era el mismo: Lo que está perdido no puede restaurar nada, y no necesita hacerlo (Lucas 15).

En la historia de la oveja perdida, el pastor que tenía cien ovejas deja las noventa y nueve, y va en busca de la que se extravió. Cuando la encuentra, en vez de reprenderla, la carga en los hombros y la lleva a casa, invitando a sus vecinos para que se alegren con él porque encontró a su oveja preciada.

En la historia de la moneda perdida, una mujer tenía diez monedas (dracmas griegas de plata), cada una con un valor de más o menos un día de salario. Cuando ella se da cuenta de que perdió una, enciende una lámpara y barre toda la casa hasta que la encuentra. Cuando la halla, invita a todos los de su comunidad para celebrar con ella que lo que una vez estuvo perdido, ahora ha sido encontrado.

El hijo pródigo es quizá la más conmovedora y, para los que la escuchan, la más controversial de todas. Aquí la gracia es presentada de la manera más cruda y fascinante:

> Un hombre tenía dos hijos, continuó Jesús. El menor de ellos le dijo a su padre: «Papá, dame lo que me toca de la herencia.» Así que el padre repartió sus bienes entre los

> dos. Poco después el hijo menor juntó todo lo que tenía y se fue a un país lejano; allí vivió desenfrenadamente y derrochó su herencia. Cuando ya lo había gastado todo, sobrevino una gran escasez en la región, y él comenzó a pasar necesidad. Así que fue y consiguió empleo con un ciudadano de aquel país, quien lo mandó a sus campos a cuidar cerdos. Tanta hambre tenía que hubiera querido llenarse el estómago con la comida que daban a los cerdos, pero aun así nadie le daba nada. Por fin recapacitó y se dijo: «¡Cuántos jornaleros de mi padre tienen comida de sobra, y yo aquí me muero de hambre! Tengo que volver a mi padre y decirle: Papá, he pecado contra el cielo y contra ti. Ya no merezco que se me llame tu hijo; trátame como si fuera uno de tus jornaleros.» Así que emprendió el viaje y se fue a su padre. (Lucas 15.11–20)

La mayoría conocemos esta historia tan familiar, de hecho, que no nos damos cuenta de cuán ofensiva fue escucharla salir de los labios de Jesús en vivo. En parte, quizás sea porque vivimos en una cultura que es bombardeada por programas en vivo y por entrevistas que sobreviven a causa de la angustia y las malas decisiones de familias disfuncionales. Aun dentro de los círculos cristianos, no es muy inusual escuchar sobre un jovencito o una jovencita que decide rechazar las normas de la familia y salir a encontrar su propia identidad. Pero para la multitud que escuchó esa historia ese día, era un relato de la vergüenza más grande que le pudiese sobrevenir a una familia. La cultura era verdaderamente una sociedad patriarcal, y tanto el respeto como el honor hacia el padre era un mandato tácito. Cada elemento que Cristo incluyó en la parábola solo sumaba a la ofensa:—

- *Un hijo insulta a su padre pidiéndole su herencia antes de que este haya fallecido. Eso debió haber sido profundamente ofensivo para los que estaban escuchando la historia.*
- *Para intensificar el insulto, el hijo se va a una ciudad grande y gasta alocadamente el dinero que su padre trabajó muy duro para adquirir, fiesta tras fiesta.*
- *Cuando finalmente es un indigente y rebusca en la misma comida que le estaba dando de comer a los cerdos (un animal impuro para los judíos, así que solamente estar en su presencia era un agravio), decide regresar a casa y suplicar un trabajo en la hacienda de su padre. En justicia, nunca debió volver a ver a su padre.*

Mientras la multitud escuchaba a Jesús contar la historia, debieron haber anticipado oír qué retribución le daría el padre a su hijo. ¡Puedo ver a la gente mirándose una a otra, moviendo sus cabezas horrorizados porque tal cosa pudiese suceder! Una cosa es que una oveja torpe se pierda; uno podría buscarla ya que es su propiedad. ¿Y la moneda? Uno buscaría el salario de un día. Pero ¿esperar a un hijo que deseó la muerte de su padre y que luego tenga la osadía de regresar para obtener alguna clase de misericordia? Eso es impensable.

Ninguna persona en la multitud ese día estaría preparada para lo que Jesús presenta como el desenlace de la historia:

> Así que emprendió el viaje y se fue a su padre. Todavía estaba lejos cuando su padre lo vio y se compadeció de él; salió corriendo a su encuentro, lo abrazó y lo besó. El joven le dijo: «Papá, he pecado contra el cielo y contra ti. Ya no merezco que se me llame tu hijo.» Pero el padre ordenó a sus siervos: «¡Pronto! Traigan la mejor ropa para

> vestirlo. Pónganle también un anillo en el dedo y sandalias en los pies. Traigan el ternero más gordo y mátenlo para celebrar un banquete. Porque este hijo mío estaba muerto, pero ahora ha vuelto a la vida; se había perdido, pero ya lo hemos encontrado.» Así que empezaron a hacer fiesta. (Lucas 15.20–24)

Una fiesta para pecadores

Hasta donde concierne a los oyentes, el padre del hijo pródigo debió haber dado por perdido al joven. Sin embargo, estaba en vigilia, esperándolo, con la esperanza de que ese iba a ser el día en que él vendría a casa. Muchos aspectos de la historia parecían desmedidos: Que este hijo ingrato y desafiante valiera la pena para ese padre y que este corriera a darle la bienvenida a ese hijo cuando regresó a casa (cuán indigno era para el patriarca de la familia que alguna vez lo vieran corriendo, sin embargo, este padre estaba corriendo hacia el que había desafiado su dignidad). Verdaderamente desmedido. No había precedente para esta clase de amor y de misericordia, para esta clase de gracia.

El hijo pródigo había preparado algún tipo de discurso mientras caminaba fatigosamente las ardientes y desalentadoras millas de regreso a casa, pero nunca tuvo la oportunidad de decirlo todo, porque el padre ya estaba dándole a gritos las instrucciones a sus siervos: «Traigan la mejor ropa que tengamos en la casa. Pónganle un anillo en el dedo como una señal de que es mi hijo amado, no un siervo, y cualquier animal que hayamos estado guardando para un día lluvioso, mátenlo ahora porque la gracia está cayendo».

La gente que estaba escuchando a Jesús quizá habrá dicho: «¡Esto es desmedido!»

Ese era todo el punto. El amor que Dios siente por nosotros no tiene precedentes, es desmedido y abrumador, especialmente para un hombre que estaba en la multitud ese día y que escuchó la historia. Aunque la había escuchado, no tenía idea de cuánto iba a necesitar la verdad de esas palabras en los días venideros.

El amor que Dios siente por nosotros no tiene precedentes, es desmedido y abrumador.

Al transitar por esta historia, la cual conozco desde que era pequeña, me encontré en lugares inesperados: soy el hijo pródigo y el hermano mayor. El arte magistral que tiene Cristo para relatar historias es como un espejo que sostenemos para vernos. Eso era profundamente ofensivo para la multitud que estaba escuchando ese día, porque en efecto Cristo estaba diciendo: «Mírense aquí. Ustedes son los protagonistas». Cada uno de nosotros, en nuestra propia forma, ha despilfarrado lo que nuestro Padre nos ha dado, quizá no tan descaradamente como el hijo menor, pero a nuestra manera. ¿No piensas que todos hemos sentido un arranque de indignación farisaica cuando la gracia de Dios le ha dado la bienvenida a alguien —que nos ha ofendido profundamente—, no solo al redil sino con una fiesta? La gracia es ofensiva antes que liberadora.

Una promesa para Pedro

Fue sorprendente que Pedro hubiese estado cerca de Jesús para escuchar cualquiera de esas parábolas, y menos la del hijo pródigo. Pedro, después de todo, no era el tipo de persona que se sentaba en la sinagoga o al pie de los maestros y escribas a escuchar. Aun cuando la historia llegó a sus oídos, no tenía ninguna referencia para entender cuánto se convertiría esta historia de fracaso y redención en la canción de su vida.

Pedro empezó su vida como un pescador en Betsaida (Juan 1.44). Natanael y Felipe, otros dos discípulos de Jesús, eran del mismo pueblo, ubicado a orillas del norte de Galilea; y todos trabajaban juntos. El negocio pesquero de Pedro obviamente había prosperado porque para el tiempo en que sabemos de él por medio de los evangelios, se había mudado para Capernaúm, la ciudad principal de Galilea, y se había hecho socio de Jacobo y Juan, otros dos miembros de los Doce.

Los arqueólogos han descubierto lo que creen que son los restos de la casa de Pedro en Capernaúm, y su propiedad era bastante grande.[2] Por alguna razón, siempre me imaginé a un hombre sencillo que iba a pescar diariamente con sus amigos, pero Pedro era un hombre de negocios exitoso que estaba a cargo de todo un imperio de pesca. Un día se encontró con un hombre que cambió todo:

> Mientras caminaba junto al mar de Galilea, Jesús vio a dos hermanos: uno era Simón, llamado Pedro, y el otro Andrés. Estaban echando la red al lago, pues eran pescadores. «Vengan, síganme, les dijo Jesús, y los haré pescadores de hombres.» Al instante dejaron las redes y lo siguieron». (Mateo 4.18–20)

¿Qué tenía Jesús que convenció a Pedro y a Andrés de que dejaran lo que estaban haciendo y lo siguieran? Yo creo que fueron llamados a una misión con Jesús y lo sintieron profundamente. Estoy segura de que a esa altura ellos no tenían idea de lo que les esperaba ese día, mucho menos las semanas y los meses por venir, pero sintieron el llamado de Dios y respondieron.

El rol de un discípulo no era desconocido en esos días; era una clara descripción del puesto. Una persona en esos tiempos se matriculaba, no en un seminario sino como estudiante de un rabí establecido. Literalmente la persona vivía con su maestro y aprendía al escuchar y al hacer preguntas. El objetivo era que el discípulo fuese igual a su maestro. Jesús lo describió de esta manera en Lucas 6.40: «El discípulo no está por encima de su maestro, pero todo el que haya completado su aprendizaje, a lo sumo llega al nivel de su maestro».

El objetivo era claro: No solamente aprender de Cristo sino ser como Cristo.

El objetivo era claro: No solamente aprender de Cristo sino ser como Cristo.

Parece aparente que los otros once hombres veían a Pedro como el líder. Cada vez que los discípulos son nombrados, Pedro siempre es el primero. Aun cuando se habla de los tres amigos más cercanos a Cristo, Pedro siempre es nombrado antes que Jacobo y Juan. No obstante, es más que eso. Pedro obviamente tenía una relación especial con Cristo. En una ocasión, al principio de la amistad, Jesús le pidió a Pedro que llevara la barca a aguas más profundas durante la mañana y que echaran allí las redes. Pedro era un pescador veterano que sabía que era mejor pescar de noche en esas aguas, pero lo hizo solamente porque Jesús se lo había pedido. Cuando las redes empezaron a llenarse con pescados hasta que se estaban rompiendo, su respuesta a Jesús fue pedirle que se fuera: «¡Apártate de mí, Señor; soy un pecador!» (Lucas 5.8)

¿Sería que Pedro estaba más consciente de su propia humanidad defectuosa en presencia de la santidad de Cristo que lo que nos hemos supuesto a través de los siglos? Ciertamente Pedro estaba atraído por la perfección del Señor Jesús y por su propia imperfección. Por ejemplo, ¿te acuerdas cuando los discípulos pasaron la noche en una barca tratando de cruzar el mar de Galilea en una tormenta violenta?

Era la tarde después de que Cristo alimentó a cinco mil hombres. Exhausto por eso y entristecido por las noticias de la ejecución de Juan el Bautista, Jesús envió a sus discípulos a que se fueran sin Él mientras se iba a las montañas para estar a solas con su Padre. Los discípulos enfrentaban un tiempo difícil para avanzar contra el viento que estaba azotando al mar con furor. Como a las tres de la mañana, advirtieron una figura que estaba caminando sobre la superficie de las olas y que se les estaba acercando. Inicialmente estaban aterrorizados, pero Jesús les habló y se identificó.

Pedro fue el primero que habló:

> Señor, si eres tú, respondió Pedro, mándame que vaya a ti sobre el agua. Ven, dijo Jesús. Pedro bajó de la barca y caminó sobre el agua en dirección a Jesús. Pero al sentir el viento fuerte, tuvo miedo y comenzó a hundirse. Entonces gritó: ¡Señor, sálvame! (Mateo 14.28–30)

Yo pienso que a Pedro lo criticamos un poco. Hablamos de su falta de fe, pero fue el único que estaba dispuesto a salirse de la barca. El carácter de Pedro parece haber sido un poco impetuoso, a veces ruidoso, pero también ferozmente fiel. La dura realidad que Pedro iba a tener que enfrentar es que nuestros caminos no son los caminos de Dios, y la gracia de Dios se perfecciona en nuestra debilidad y no lo que nosotros creemos que es nuestra fortaleza.

Esta es una de las más grandes ironías de nuestra fe: En el momento en que nos damos cuenta de que no tenemos nada que darle a Cristo y nos postramos sobre nuestros rostros, le traemos el regalo que nos ha estado pidiendo todo el tiempo. Ese regalo es nuestro corazón, no nuestras ideas, ni nuestras habilidades, ni nuestras preferencias. Solamente nosotros mismos.

Esta es una de las más grandes ironías de nuestra fe: En el momento en que nos damos cuenta de que no tenemos nada que darle a Cristo y nos postramos sobre nuestros rostros, le traemos el regalo que nos ha estado pidiendo todo el tiempo.

Sin embargo, algunas veces, lo que toma es el fracaso de todo lo que creemos que le traemos, para llevarnos a esta verdad. A veces significa venir a la mesa con nada en orden para entrar al centro del corazón de Cristo.

La última comida

Cuando los discípulos se reunieron con Jesús para celebrar la fiesta de la Pascua, se sentaron alrededor de la mesa a comer juntos. El Evangelio de Lucas nos informa que Jesús le dijo a Pedro:

> Simón, Simón, mira que Satanás ha pedido zarandearlos a ustedes como si fueran trigo. Pero yo he orado por ti, para que no falle tu fe. Y tú, cuando te hayas vuelto a mí, fortalece a tus hermanos. Señor, respondió Pedro, estoy dispuesto a ir contigo tanto a la cárcel como a la muerte. Pedro, te digo que hoy mismo, antes de que cante el gallo, tres veces negarás que me conoces. (Lucas 22.31–34)

Qué pasaje más extraño. Hay algunos misterios de fe cuyos significados están ocultos. ¿Por qué a Satanás se le permite meterse con los seguidores de Cristo? ¿Qué hay en el proceso del dolor, el fracaso y la desilusión que en las manos de Dios se convierten en trapos pulidores para nuestros corazones mugrientos?

Recientemente le dije a una amiga que yo estaba escribiendo acerca de Pedro y de cómo, a través de su fracaso, descubrió la belleza de la gracia. Ella me escribió respondiéndome de inmediato: ¡Bueno, eso es lo que no me agrada! ¿Por qué siempre tiene que ser tan difícil?

Sonreí al ver su respuesta.

Lo entiendo, ¿y tú? Al final, Pedro seguro lo hizo, y las palabras de Cristo en su Última Cena probablemente le hicieron recordar, quizá con lamento al principio y luego con amor penetrante.

Es en esa Última Cena que Jesús le dice a Pedro que: «Satanás ha pedido zarandearlos a ustedes como si fueran trigo» (Lucas 22.31). Es interesante notar que la palabra usada es en plural: *Ustedes*. Cristo le está diciendo a Pedro que Satanás le ha pedido zarandearlos a ustedes (a todos los discípulos), pero continúa diciendo que Él ha orado por Pedro «singular».

Qué regalo para Pedro el que Jesús haya orado por él, no creyendo que no iba a fracasar, sino consciente de que *va* a fracasar y que Él, nuestro creador, está orando para cuando Pedro se arrepienta, de modo que pueda fortalecer a los demás. Pedro nunca entendería la gracia hasta que probara amargamente el fracaso, pero ese mismo fracaso iba a ser el camino que lo llevaría a encontrar su fortaleza y refugio en Cristo.

¿Vez lo maravilloso de eso? El Señor Jesús le está aclarando a Pedro que su fracaso no lo va a descalificar como el líder que Cristo sabe que es, ¡y que Él, el Señor mismo, está orando por Pedro!

En retrospectiva es fácil ver eso como un regalo, pero no para Pedro, que estaba en medio de ese drama a punto de desenvolverse de una manera brutal, fuera de su control. Cuando Jesús le dijo a Pedro que antes de que cantara el gallo lo negaría tres veces, el apóstol insistió que iría a prisión o moriría antes de abandonar a Cristo.

Yo creo que lo dijo de todo corazón, pero para descubrir que aunque su espíritu estaba dispuesto, su carne era débil, y que los caminos de Dios no son nuestros caminos.

No poses como la oveja

Cuando Jesús y sus discípulos salen del cuarto después de su comida, caminan hacia el monte de los Olivos. Una vez que llegaron al jardín, Jesús se lleva a Pedro, a Jacobo y a Juan más lejos para orar. Los discípulos tratan de mantenerse despiertos con Jesús, pero los vence el sueño. Tal vez la comida y el vino, o solamente el agotamiento de los días anteriores les cae encima, pero aunque quieren estar ahí con Jesús, no pueden controlarse.

Es entonces cuando se sobreviene el caos. Una multitud de hombres camina rápidamente a través del jardín: soldados, jefes de los sacerdotes, fariseos; todos blandiendo antorchas, faroles y armas que alumbran la noche. Pedro se pone de pie, desenvaina su espada y ataca. Él está haciendo todo lo que sabe para permanecer con Cristo, cueste lo que cueste, aunque signifique su vida.

Así que cuando Jesús le dijo que guardara su espada, Pedro se sorprendió. Jesús predijo unas cuantas horas atrás que Pedro lo negaría y, sin embargo, el apóstol está aquí, listo para luchar hasta la muerte por su Maestro. Por tanto, *¿Qué le pasa a Jesús? ¿Por qué no está luchando, por qué impide su defensa?*

Pedro debió estar sumamente confundido. ¿Puedes casi escucharle pensar: ¡Señor, lucharé por ti, pero no esperes que solamente pose como una oveja y acepte esto!?

Así que cuando los romanos arrestan a Jesús y se lo llevan, Pedro los sigue a distancia. La maldad está en el aire, el odio y todos los poderes de las tinieblas. Cuando Pedro está en el patio de los sacerdotes, es reconocido, no una, no dos, sino tres veces. Cada una de esas veces niega conocer al prisionero.

Cuando empieza a amanecer, un gallo canta y todo lo que es importante para Pedro, todo lo que pensó que trajo a la mesa, es destrozado a la luz de la mañana.

La promesa en medio del fracaso

No sabemos qué fue lo que le pasó a Pedro en las horas entre su negación y el momento cuando oyó, después de la crucifixión, que la tumba estaba vacía. Él y los otros discípulos debieron haberse sentido miserables y solitarios. Si habías cimentado toda tu vida en ser fuerte, un hombre de palabra, un líder, y luego fallas en el momento en que más se te necesitaba, ¿A dónde irías?

Si habías tomado la herencia de tu padre, le partiste el corazón, te gastaste todo lo que tenías y quedaste alimentando cerdos, ¿A dónde irías?

Si eres una pelirroja vehemente que cree que Dios ama a aquellos que son calmados y que controlan su lengua, y te esforzaste hasta que fue demasiado tarde, ¿A dónde irías?

Pedro, el pródigo, Eleanor te dirían y urgirían a que volvieras tu corazón hacia tu hogar, hacia Dios, hacia su promesa de que Él te ha cubierto con su esplendida e inmerecida gracia. Su poder se perfecciona en tu debilidad. Reconocemos nuestra necesidad de Refugio cuando estamos expuestos y somos vulnerables.

Mira lo que sucede después.

Es muy temprano por la mañana después del sábado, después de que mataron a Jesús, y María Magdalena, María la madre de Jacobo y Salomé visitan la tumba para ungir el cuerpo de Cristo.

Pero la tumba está vacía. El cuerpo de Jesús no está. Hay un ángel presente y es aterrador, pero tiene un mensaje. Primero, calma a las mujeres. «No se asusten», les dijo (Marcos 16.6–7). Pero están asustadas. Y sorprendidas porque el ángel les dice que Cristo resucitó y que va a Galilea antes que ellas. El ángel dice: «¡Ha resucitado! No está aquí. Miren el lugar donde lo pusieron. Pero vayan a decirles a los discípulos y a Pedro: "Él va delante de ustedes a Galilea. Allí lo verán, tal como les dijo"».

Y Pedro.

¿Escuchas la gracia vertida aquí en dos breves palabras, palabras que van a significarlo todo para el discípulo impulsivo que siente que ha fracasado demasiadas veces? ¿Escuchas al mensajero de Dios decir claramente: *Asegúrense de que el hombre que piensa que ha fallado sepa que Jesús lo está esperando?*

La promesa que era de Pedro, de Eleanor y del pródigo, es tuya también: «Te basta con mi gracia, pues mi poder se perfecciona en la debilidad» (2 Corintios 12.9).

Cuando Pablo escribió: «Te basta con mi gracia», lo hizo en presente. Él estaba diciendo «ahora mismo», en este mismo instante, lo que sea que esté enfrentando, la gracia de Dios es suficiente. A diferencia de sus oponentes, que querían ver los milagros como una señal de que Dios estaba con Pablo, él volteó eso de pies a cabeza y dijo: «No, es en mi debilidad donde Dios brilla y su poder me sostiene».

Es tentador anhelar milagros y poder en nuestro caminar cristiano para demostrar que Dios está con nosotros y que nos ama, pero el reino de Dios no es una atracción secundaria o un circo de tres pistas. Más bien, Dios es glorificado cuando en nuestra debilidad nos apoyamos en su poder.

¿Sientes que has fracasado, que estás acabada, que no puedes ser salvada ni amada? Entonces únete a los muchos que cuando esperábamos que nos pusieran en nuestro lugar, encontramos una túnica sobre nuestros hombros, un anillo en nuestros dedos y una fiesta para celebrar que un corazón que se sentía perdido ha sido encontrado. Esa es la manera gloriosa y extravagante del reino de Dios que nos llama a mirarnos una segunda vez en el espejo después que hemos caído y fracasado. Trajimos todo lo que teníamos, y no solo era insuficiente, nos hizo tropezar y nos mandó corriendo a la oscuridad, sintiéndonos solos y abandonados.

Pero si escuchas por un momento, vas a oír la música que traspasa nuestra vergüenza, la que nos llama a la fiesta a todos los que estamos débiles, para que hallemos fortaleza solamente en Dios. La gracia no nos dice que nuestras malas decisiones o nuestros fracasos no importan; por el contrario. La gracia nos dice que nuestros fracasos sacan a la luz lo que somos en realidad, y aun cuando estamos listos para darnos por vencidos, el refugio de la cruz lanza su sombra sobre nuestros corazones rotos y nos da la bienvenida a casa.

7

Esperanza

Estoy hecha pedazos

La promesa

Dios ha dicho: «Nunca te dejaré; jamás te abandonaré.» Así que podemos decir con toda confianza: «El Señor es quien me ayuda; no temeré. ¿Qué me puede hacer un simple mortal?»

—Hebreos 13.5–6

Cuando tenía dieciséis años de edad, creía que mi llamado era ser misionera y regresar a casa con historias de cosas maravillosas que Dios estaba haciendo en territorios remotos y desconocidos. Esa búsqueda fue inspirada cuando era niña, por la Sociedad Misionera Bautista y una alcancía plástica verde en forma de globo terráqueo que estaba sobre la cómoda en nuestra sala. Cada semana mi mamá y yo poníamos unas cuantas monedas en la alcancía y cuando estaba llena, ella se la enviaba a la Sociedad Misionera Bautista. Por un tiempo, fungió como secretaria misionera en nuestra iglesia, y me fascinaba escuchar sus historias de lo que estaba sucediendo en el extranjero. Pienso que muy dentro de mí, quería llevar un poco de esperanza a los lugares donde esta parecía ser escasa. Cuando has atravesado cualquier clase de tragedia cuando chica (como yo cuando mi papá falleció), eso puede ablandarte el corazón e impelerte a alcanzar a otros que han caminado o que están caminando en lugares de oscuridad.

Me gustaba mucho que toda la familia participara ayudando a otros en el extranjero, pero había una cosa que no tenía sentido para mí. En la iglesia regularmente tejíamos cuadros de lana para hacer frazadas y enviarlas a África. Hasta donde he visto en los especiales de televisión o en las revistas de *National Geographic*, en África lo que hace es calor. ¿Por qué entonces estábamos tejiendo frazadas para los niños de allí? ¿Y por qué la sede de la Sociedad Misionera Bautista que estaba en Glasgow, Escocia, nos exhortaba a que usáramos colores primarios brillantes? En todo caso, ¿A quién se le ocurrió la idea de que a los niños de África les gustan las rayas? Nunca conseguí respuestas a esas preguntas y continuamos produciendo los cuadrados de lana en unas combinaciones de colores que inducían dolores de cabeza, jamás antes conocidos por la humanidad. Yo no podía ver a ningún niño africano que se precie de ello, queriendo envolverse en esas frazadas de colores llamativos. De todas maneras, continuamos tejiendo como si el futuro del mundo evangelístico dependiera de ello.

Lo que si me gustaba era que de vez en cuando un misionero regresaba del campo misionero por unas cuantas semanas de permiso. Me fascinaban sus visitas, había idealizado sus vidas tanto aquí como allá. Claro que sabía que los permisos no eran realmente para descansar porque los misioneros tenían que gastar la mayoría de su tiempo viajando de iglesia a iglesia, contando las historias de sus experiencias y recaudando fondos antes de regresar a los campos nuevamente. Pero me fascinaban las historias y las diapositivas que enseñaban que estaban trabajando con personas para encontrar ayuda y esperanza. A veces, sin embargo, encontraban un poquito más que eso, más de lo que ellos o yo hubiésemos esperado.

Una historia misionera en particular y sus diapositivas se destaca en mi mente. Primero, tienes que saber que nuestra iglesia tenía una caja para las donaciones permanentes de ropa para cualquier necesitado. Algunas eran enviadas a nuestros misioneros en África. Ese era un regalo enorme para mí. Uno podía poner cualquier artículo que la mamá de uno quería que usara, pero que uno detestaba. La manera en que yo lo veía, era como practicar el diezmo, solo que era con ropa, porque da la casualidad que yo tenía una chaqueta afelpada blanca que detestaba, pero mi mamá insistía en que me quedara con ella. La chaqueta había costado mucho, dijo ella, así que yo debía estar agradecida. Como vi que me era difícil esbozar gratitud, decidí donar la chaqueta a un niño pobre y desprevenido de África. Si a los niños allá les gustaban las frazadas de rayas que les habíamos estado haciendo, les fascinaría esa chaqueta. La escondí muy dentro de la caja y me olvidé totalmente de ello.

Cuando esa misionera en particular visitó nuestra iglesia, habló un poco sobre la gente y su trabajo en los pueblos. Entonces enseñó unas diapositivas de los niños. Nunca olvidaré la sorpresa que hizo que me callara; fue cuando salió una foto en la pantalla de una niña usando nada más y nada menos que mi chaqueta blanca.

¡Un milagro!, declaré después de unos minutos.

Mi mamá no estaba muy convencida.

Chaquetas y frazadas aparte, el hecho era que yo había idealizado la vida de un misionero. No obstante, al igual que cualquier imagen de la vida color de rosa, lo que me había imaginado en mi niñez sobre el campo misionero, no se acercaba ni un poquito a la realidad.

La promesa de su presencia

¿No es así la vida? Tienes hermosas expectativas de lo que puede suceder y de cómo deberían ir las cosas y, entonces, la vida se pone dura. Las pérdidas amenazan quitarte la esperanza en vez de cubrirte con más fe. La gente te deja, en vez de traerte regalos y buenas noticias. El sufrimiento se sienta y te toma firmemente de la mano y proyecta diapositivas de tu vida, y quedas sintiéndote más sola que nunca en la oscuridad.

¿Cómo encaja la promesa divina de nunca dejarnos ni abandonarnos, de ser nuestra ayuda, en esta situación? ¿Es su promesa igual de pertinente que otra frazada que se envía a una tierra tostada por el sol?

Créeme, me lo he preguntado. Aun ahora, uno de mis más grandes desafíos al compartir mi fe es el compromiso ferviente de decir la verdad acerca de las promesas de Dios, pero también de lo dura que puede ser la vida y cuán difícil es creer algunas veces. Cada día, muchos luchamos con esos sentimientos contrarios:

Sé que Jesús es el Camino, pero me siento perdida.

Sé que es mi Sanador, pero estoy luchando con una enfermedad.

Sé que todas las cosas ayudan a bien a los que aman a Dios, a los que han sido llamados conforme a su propósito, pero no estoy viendo cómo es que algunas cosas lo hacen.

Sé que Cristo promete paz, pero estoy ansiosa y frenética.

Nuestras experiencias con los sufrimientos y las luchas, los problemas y las adversidades, no aminoran las promesas de Dios en lo absoluto. Sin embargo, tampoco necesitamos realzarlas. Esto es importante porque muy a menudo en los círculos evangélicos parece que somos obligados a actuar como si fuéramos los agentes de relaciones públicas de Dios. Somos confrontados con la dura realidad, y la promesa divina de ayudarnos, de nunca dejarnos, de repente se siente falsa. Aun así pretendemos lo contrario. Nos sonreímos y decimos que las cosas están bien. Profesamos que las promesas deben ser ciertas, aunque en nuestros corazones estamos enojados y confundidos, heridos y nos sentimos más solos que nunca, porque ¿cómo podemos pensar cosas como esas? ¿Cómo es que nos podemos sentir de esa manera?

Lo cierto es que Dios no quiere que finjamos que tenemos fe ni que honremos sus promesas con los labios. No, Él nos llama a vivir con preguntas bajo convicción. O como dice mi amigo Randy Elrod, Dios quiere que seamos «inquietos en la jornada y confiados en nuestro destino».[1]

Dios no quiere que finjamos que tenemos fe ni que honremos sus promesas con los labios.

Esta es la imagen de un verdadero hijo de Dios, sea en tu propio vecindario o en el extranjero. La doctora Helen Roseveare me lo mostró.

En las circunstancias más difíciles, en los acontecimientos más desgarradores, la vida de Helen comprueba que la promesa esperanzadora y consoladora que Dios nos da es real y verdadera. Helen nació en Inglaterra en 1925, obtuvo un alto nivel de educación, asistió a un prestigioso colegio para señoritas cuando tenía solamente doce años de edad y luego a Cambridge, donde se convirtió al cristianismo. Su familia asistía a la iglesia cuando ella era pequeña, pero ella les da crédito a los que conoció por medio de la Unión Cristiana del colegio, por haberla ayudado a entender el evangelio por primera vez. Ella estaba apasionada por convertirse en misionera, así que se enfocó en terminar su título de medicina para usar sus habilidades y conocimientos para ayudar a los más necesitados. A los veintiocho años de edad, zarpó hacia al Congo Belga (conocido ahora como la República Democrática del Congo), con la Cruzada Evangélica Mundial.

No obstante, el horizonte color de rosa que Helen vio, se oscureció rápidamente. En su libro *Give Me This Mountain* [Dame esta montaña], relata sobre la resistencia inmediata que tuvo en cuanto a sus esfuerzos por entrenar a los residentes de la población en cuanto al cuidado de la salud y cómo los hombres en la misión no la respetaban como mujer joven y soltera que era. Eso hizo que sintiera mucha frustración y hasta enojo.[2] Sin embargo, eso era lo que menos le preocupaba, ya que ninguna clase de entrenamiento o programa de lingüística la hubiese podido preparar para lo que ella iba a enfrentar un día en 1964:

> «Fue un sábado por la tarde», recuerda Roseveare. «Una camioneta llegó al pueblo donde yo vivía, y desde mi casa podía oír el ruido de voces escabrosas y amenazadoras gritando. Esa fue la primera indicación que tuve de que estábamos en guerra. [Los hombres] inspeccionaron todo y destrozaron muchas propiedades, de repente me di cuenta de que su intención era malvada. Traté de salir

> huyendo para esconderme, pero llegaron con antorchas poderosas y me encontraron. Me pegaron, me golpearon mucho. Esa noche perdí mis dientes posteriores a causa de la bota de un soldado rebelde. Me rompieron los anteojos. No puedo ver nada si no los tengo puestos. Eso fue lo más aterrador. Cuando los puedes ver, al menos puedes alzar el brazo para cubrirte del golpe. Cuando no puedes ver, te sientes tan indefensa». Durante el transcurso de la noche, Roseveare fue brutalmente violada por sus perpetradores. «No creo que estaba orando; estaba entumecida a causa del temor, el horror y el terror. Si yo hubiese orado, creo que hubiese sido algo así: "Dios mío, Dios mío, ¿por qué me has desamparado?" Sentí que me había abandonado. No estaba dudando de Dios. Nunca lo hice. Pero sentí, en ese momento, que me había dejado para que enfrentara la situación por mí misma».[3]

¿Has estado en una situación así alguna vez? ¿Has pasado por una situación tan dolorosa y solitaria que pareciera que estás sola? Quizá tienes un niño que está crónicamente enfermo y con cada visita a la sala de emergencia, te preguntas si Dios está allí o si tienes que atravesar eso tú sola. O estás luchando por mantener tu matrimonio, haciendo todo lo que puedes, pero no pareciera que Dios está haciendo mucho para apoyarte.

Muchos hombres y mujeres en las Escrituras se sintieron de esa manera:

- *«Pero, señor, replicó Gedeón, si el Señor está con nosotros, ¿cómo es que nos sucede todo esto? ¿Dónde están todas las maravillas que nos contaban nuestros padres, cuando decían: "¡El Señor nos sacó de Egipto!"? ¡La verdad es que el Señor nos ha desamparado y nos ha entregado en manos de Madián!» (Jueces 6.13)*

- *«¿Por qué no perecí al momento de nacer? ¿Por qué no morí cuando salí del vientre?» (Job 3.11)*
- *«¿Por qué, Señor, te mantienes distante? ¿Por qué te escondes en momentos de angustia?» (Salmo 10.1) y «Dios mío, Dios mío, ¿por qué me has abandonado? Lejos estás para salvarme, lejos de mis palabras de lamento. Dios mío, clamo de día y no me respondes; clamo de noche y no hallo reposo» (Salmo 22.1–2).*
- *Hasta Cristo en la cruz, gritó de dolor, haciendo eco de una parte del Salmo 22: «Eloi, Eloi, ¿lama sabactani? (que significa: "Dios mío, Dios mío, ¿por qué me has desamparado?")» (Marcos 15.34).*

La experiencia de caminar a través de una noche oscura es un lazo común para aquellos que aman a Dios. El elemento redentor de esta lucha es la habilidad para voltearse hacia los que vienen detrás e informarles que no están solos. Hay un consuelo que solamente Aquel que ha caminado a través de la noche hacia la mañana puede traer a otro que todavía está en la oscuridad.

Así fue para la doctora Helen Roseveare, que fue mantenida en cautiverio por fuerzas rebeldes durante cinco meses junto con otros misioneros. Ella fue una portadora de luz cuando escribió sobre cómo usó Dios sus violaciones brutales para darles consuelo a otras mujeres solteras que eran misioneras. Algunas de ellas temían que si habían perdido su virginidad a causa de una violación, tal vez habían perdido su salvación también. Helen sabía que no era así. Ella sabía que aun al ser violada, su relación con Dios no había sido perjudicada. Ella no le había fallado a Dios en ninguna manera. Para esas mujeres que sufrieron, fue solamente por lo que Helen había pasado, que sus palabras tenían tanto valor.

El consuelo que ella les dio a otros de su propio sufrimiento y su trauma, me hace pensar en uno de mis versículos favoritos de la Biblia:

> Alabado sea el Dios y Padre de nuestro Señor Jesucristo, Padre misericordioso y Dios de toda consolación, quien nos consuela en todas nuestras tribulaciones para que con el mismo consuelo que de Dios hemos recibido, también nosotros podamos consolar a todos los que sufren. Pues así como participamos abundantemente en los sufrimientos de Cristo, así también por medio de él tenemos abundante consuelo. Si sufrimos, es para que ustedes tengan consuelo y salvación; y si somos consolados, es para que ustedes tengan el consuelo que los ayude a soportar con paciencia los mismos sufrimientos que nosotros padecemos. Firme es la esperanza que tenemos en cuanto a ustedes, porque sabemos que así como participan de nuestros sufrimientos, así también participan de nuestro consuelo. (2 Corintios 1.3–7)

Después de todo, el sufrimiento y el consuelo son compañeros que caminan de la mano. El consuelo permanece sobrevolando hasta que el sufrimiento aparezca, y el sufrimiento exige que el consuelo esté presente. Para nosotros, Dios los tiene a ambos bajo control: Él es el Dios que sufre con nosotros, un brazo sobre el sufrimiento, y es el Dios que nos trae consuelo, el otro brazo con esmero, comprensión y su propio ser.

Esa idea me ha hecho entender mejor las promesas de Cristo. Dios nos promete: «Nunca te dejaré; jamás te abandonaré» (Hebreos 13.5). Las Escrituras no dicen que nunca vamos a sufrir, más bien afirman que nunca vamos a estar solos en ese sufrimiento. Así que podemos decir con toda confianza: «El Señor es quien me ayuda; no temeré. ¿Qué me puede hacer un simple mortal?» (Hebreos 13.6)

Mi amiga Evelyn Husband me contó cómo entendió esto mejor después de la muerte de su esposo. Rick era el comandante del transbordador espacial Columbia, que estalló cuando estaba reingresando a la atmósfera terrestre el primero de febrero de 2003. Evelyn me dijo que, aunque desde niña le gustaba mucho el Salmo 23, nunca había entendido el versículo 4: «Aun si voy por valles tenebrosos, no temo peligro alguno porque tú estás a mi lado; tu vara de pastor me reconforta».

En el servicio conmemorativo de Rick, este Salmo fue leído y alguien señaló que para que haya tinieblas, debe haber luz. Cristo, el cual Juan 1.4 nos dice que es la Luz de la humanidad, penetró las tinieblas para que nosotros no tuviésemos que hacerlo. Él experimentó la oscuridad para que nunca tuviésemos que estar solos.

Las promesas de Dios son mucho más grandes que nuestros sentimientos. Son firmes y seguras, las clases de cosas en las cuales puedes clavar tu corazón durante las peores tribulaciones de la vida. La doctora Helen Roseveare nos muestra que aun cuando no sientes la presencia de Dios, puedes estar segura de que está allí y puedes encontrar su consuelo y su esperanza. Otra mujer que caminó con Jesús forcejeó contra lo que parecía ser un Dios ausente. Luchó por encontrar consuelo cuando Él transformó su vida y luego desapareció, aunque ella se rehusó a dejarlo. Pero ella es una mujer que aprendió que Dios está presente aun cuando no lo sienta, y a veces, cuando menos lo espera pero más lo necesita, creer puede significar ver.

En busca de esperanza

Si alguna vez existió una mujer que necesitaba la presencia de Dios y el consuelo de Cristo, fue María, la Magdalena. Ahora bien, muchos son los malentendidos en cuanto a cuál de las Marías era la de Magdala. Algunos lectores de la Biblia sugieren que era la pecadora que ungió los pies de Jesús y los secó con su cabello mientras Él se reclinaba en la casa de Simón el fariseo (Lucas 7.36–50). Pero las Escrituras no respaldan eso.[4] Otros dicen que María es la mujer que agarraron en el acto del adulterio en Juan 8, pero no hay nada en el canon bíblico que respalde eso ni tampoco la noción de que ella era prostituta.

Lo que sí sabemos, cuando la conocimos por primera vez en el Evangelio de Lucas (Lucas 8.1–3), es que María Magdalena era un alma atormentada. Viajaba con Jesús, los discípulos y otras mujeres que habían sido sanadas por Cristo, después de haber sido liberada de muchos demonios. Ella había estado poseída no por un demonio sino por siete cuando se encontró con Jesús en algún lugar por las orillas del mar de Galilea. Sabemos que proviene de una familia noble y que su ciudad natal es Magdala, en las orillas nororientales del mar de Galilea. Pero no tenemos detalles de su sanidad ni del encuentro que tuvo con Jesús cara a cara, solamente que Él ahuyentó los poderes de las tinieblas de su vida:

> Aconteció después, que Jesús iba por todas las ciudades y aldeas, predicando y anunciando el evangelio del reino de Dios, y los doce con él, y algunas mujeres que habían

> sido sanadas de espíritus malos y de enfermedades: María, que se llamaba Magdalena, de la que habían salido siete demonios, Juana, mujer de Chuza intendente de Herodes, y Susana, y otras muchas que le servían de sus bienes. (Lucas 8.1–3)

Y quizás eso sea suficiente: haber sido sacada de una vida tan oscura a una vida de luz y paz. ¿No cambiaría eso todo, no te haría querer quedarte con la fuente de esa luz, perseguirla, vivir en ella por el resto de tus días?

Esta debe ser la razón por la cual se indica que la familia adinerada de María debió haber estado respaldando el ministerio de Jesús. Con sus monedas y sus riquezas, ellos afirman el consuelo y la esperanza que Cristo da.

Estoy segura de que para María Magdalena y las otras mujeres que respaldaban el trabajo de Cristo, lo que ganaron no se puede comparar con lo que ellas dieron.

Cuando el cielo invade tu infierno, este gana la lealtad de tu corazón.

Cuando el cielo invade tu infierno, este gana la lealtad de tu corazón.

Es posible que esta verdad fuera lo que atrajo a María a la cruz. No la vemos otra vez en los evangelios hasta la crucifixión, sepultura y resurrección de Cristo, y no solamente ella, también se destaca prominentemente en la narración. Cerca de la cruz de Jesús, María estaba de pie junto con su madre, la hermana de su madre, y María la esposa de Cleofas (Juan 19.25)

No soy feminista, pero pienso que es insigne e interesante que las que nunca dejaron a Jesús durante las escenas de la muerte fueron las mujeres. Tal vez ellas sabían que no estaban en tanto peligro con las autoridades judías, que descontarían su presencia ya que eran mujeres. Cualquiera que fuese la razón, estaban allí, y muy a menudo me he preguntado qué efecto tuvo el clamor de Cristo: «Dios mío, Dios mío, ¿por qué me has desamparado?» en las mujeres, especialmente en María Magdalena.

Jesús hizo siete declaraciones desde la cruz, tres de ellas antes de que una oscuridad extraña cubriese la tierra al mediodía. Cuando cayó la oscuridad, hubo silencio. Cristo, que no conoció pecado, se hizo pecado por nosotros (2 Corintios 5.21). Fue abandonado, se quedó solo, ya que su Padre tuvo que separarse de Él. De los siete gritos desde la cruz, el cuarto fue el más intenso y desolador. Cristo citó el Salmo 22 ya que cargó solo con los pecados del mundo. Aun en nuestros momentos más oscuros, nunca sabremos la intensidad de todo lo que Cristo sufrió para que nunca tuviésemos que estar solos. Gritó para obtener consuelo, pero el consuelo no llegó. Sin embargo, aun en esta tortura espiritual inexpresable, el grito era personal: «Dios mío, Dios mío». María Magdalena lo escuchó todo.

Digo, *ella estaba allí.* Se quedó con Jesús a través de la persecución y cuando estaba en la cruz. Ella siguió su cuerpo hasta la tumba y allí se quedó también. Ella había visto consuelo y sentido esperanza, cosas que se veían en los ojos de Jesús. Así que, seguramente, cuando Jesús emitió ese grito desgarrador desde la cruz, nadie más entendería esa desolación que María Magdalena. Al verlo sufriendo y retorciéndose de dolor, su grito tuvo que ser como una daga en su corazón.

¿Y el giro inesperado, la puñalada final? Cuando gritó: «Todo se ha cumplido».

Se acabó cuando Dios dice que se terminó

Las autoridades judías que habían conspirado para crucificar a Cristo, ahora intentaban asegurarse de que todos los rumores murieran con Jesús. Al asignar una guardia militar oficial al lugar donde el Jesús fallecido había sido sepultado, el poderoso Sanedrín judío tenía una vigilancia durante todo el día en el lugar de la sepultura. Temiendo que los discípulos fueran a sacar el cuerpo y entonces darle crédito a los comentarios de Jesús sobre la resurrección, el concilio judío tuvo mucho cuidado desde los primeros momentos de la sepultura de Jesús para asegurarse de que el lugar donde estaba la tumba permaneciera sellado y seguro.

Pero leemos en el Evangelio de Mateo que un terremoto abrió la tumba y los soldados que estaban durmiendo se enfrentaron con la realidad impensable de que el cuerpo de Jesús había desaparecido.

> Sucedió que hubo un terremoto violento, porque un ángel del Señor bajó del cielo y, acercándose al sepulcro, quitó la piedra y se sentó sobre ella. Su aspecto era como el de un relámpago, y su ropa era blanca como la nieve. Los guardias tuvieron tanto miedo de él que se pusieron a temblar y quedaron como muertos. (Mateo 28.2–4)

Los guardias se desmayaron de puro terror, que era lo mejor ya que este momento no les pertenecía. Este momento había sido planeado para María la Magdalena antes de que ella naciera.

La noche se volvió en mañana, y luego antes de que saliera el sol en el tercer día, María fue apresuradamente hacia la tumba para ungir el cuerpo de Cristo. Lo habían sepultado rápidamente para llevarlo a un lugar de descanso antes de que anocheciera en el sábado, y ahora María quería cuidarlo conforme a la tradición:

> El primer día de la semana, muy de mañana, cuando todavía estaba oscuro, María Magdalena fue al sepulcro y vio que habían quitado la piedra que cubría la entrada. Así que fue corriendo a ver a Simón Pedro y al otro discípulo, a quien Jesús amaba, y les dijo: ¡Se han llevado del sepulcro al Señor, y no sabemos dónde lo han puesto! (Juan 20.1–2)

María estaba horrorizada, por lo que les dijo a Pedro y a Juan que alguien se había llevado el cuerpo de Cristo. Ella supuso que debieron haber sido sus enemigos. Cuando Pedro y Juan miraron adentro de la tumba, vieron que estaba vacía y que las ropas de sepultura estaban dobladas y puestas allí. Dicen las Escrituras que ellos creyeron y regresaron a casa (Juan 20.8–10).

María Magdalena no se fue.

Ella lloró y se inclinó para ver dentro de la tumba y vio a dos ángeles vestidos de blanco, sentados donde el cuerpo de Jesús había estado. Un ángel estaba a la cabecera del lugar y otro a los pies. Ellos le preguntaron: Mujer, ¿por qué estás llorando?

> ¿Por qué lloras, mujer?, le preguntaron los ángeles. Es que se han llevado a mi Señor, y no sé dónde lo han puesto, les

> respondió. Apenas dijo esto, volvió la mirada y allí vio a Jesús de pie, aunque no sabía que era él. Jesús le dijo: ¿Por qué lloras, mujer? ¿A quién buscas? Ella, pensando que se trataba del que cuidaba el huerto, le dijo: Señor, si usted se lo ha llevado, dígame dónde lo ha puesto, y yo iré por él. María, le dijo Jesús. Ella se volvió y exclamó: ¡Raboni! (que en arameo significa: Maestro). (Juan 20.13–16)

No hay nada más hermoso que tu nombre en los labios del que amas. Cuánto más ha de ser escuchar a Cristo pronunciar tu nombre cuando pensabas que lo habías perdido para siempre. Todo lo habían perdido. Pedro, Jacobo, Juan, lo dejaron todo para seguir a Cristo, y tan rápido como entró a sus vidas y los cambió por siempre, se fue. ¿Cómo podrían regresar a lo de siempre cuando Jesús había cambiado todo lo que significaba algo, en nada más que existente? Ahora solamente a una persona se le daría el regalo de escuchar su voz de nuevo por primera vez desde su ejecución. Cuan amable fue Jesús al reservar este momento para María Magdalena, el primer avistamiento por cualquier hombre, mujer, o niño de su cuerpo resucitado. María, que había sido atormentada por los demonios del infierno, recibiría el regalo de no solamente creer sino ver al Cristo victorioso.

El sufrimiento y el consuelo verdaderamente van de la mano, y al haber ido al infierno y regresado, Cristo y María comparten este momento hermoso, la clase de momento que Cristo anhela compartir con cada uno de nosotros. Él ha derrotado a las tinieblas de una vez por todas, por lo que le permitió a la persona que había estado allí también, celebrar ese momento con Él primero.

Así que nos aferramos a esta promesa que Dios nos ha dado: Él nunca nos dejará, jamás nos abandonará. Cristo tomó todos los dejamientos y los abandonos de la muerte para que nunca tengamos que estar solos. Aun en la noche más oscura, Él está presente. Cristo trae vida de la muerte. Nada de lo que estás atravesando es tomado a la ligera por tu Padre. Él lo usará para traerte consuelo y sanidad para otro corazón partido. Puedes estar confiado cuando digas: «No temeré porque el Señor es mi Ayudador». Una y otra vez he escuchado la misma cosa por parte de mujeres que han atravesado por momentos devastadores: «Nunca me hubiese enlistado para esto, pero ahora conozco a Cristo con una profundidad y una intimidad que nunca hubiese pensado posibles».

Nos aferramos a esta promesa que Dios nos ha dado: Él nunca nos dejará, jamás nos abandonará.

Pregúntale a la doctora Helen Roseveare. Pregúntale a María Magdalena. Definitivamente puedes preguntarme y yo te diría: Él es la luz, la gloria de Dios. Él es gracia, es un regalo maravilloso. Él es la hendidura en la Roca en la cual puedes retirarte cuando estás cansada y quebrantada. Encontrarás comprensión en su refugio y esperanza en su presencia porque Él pone sus brazos alrededor de los tuyos. Él sostendrá tu corazón desfallecido con sus manos marcadas por clavos. Él estará presente, siempre, con un consuelo y una esperanza infinitos.

8

Fortaleza

Siento que lo que me rodea está derrumbándose

La promesa

En este mundo afrontarán aflicciones, pero ¡anímense! Yo he vencido al mundo.

—Juan 16.33

Conocí a Joni Eareckson Tada (Joni Eareckson en ese entonces) en 1983, en un festival cristiano en Holanda. En apariencia nos veíamos muy diferentes. Lo más obvio era que Joni estaba en una silla de ruedas, habiéndose fracturado el cuello cuando era una adolescente en un accidente de clavado. Pero había mucho más: Joni se veía elegante y con aplomo, con una blusa preciosa de seda, unos pantalones entallados, y una bufanda de seda, con su cabello rubio, el cual se lo había secado en forma de un peinado hermoso que le enmarcaba su cara. Yo cargaba unos pantalones vaqueros con una chaqueta de cuero, y mi cabello corto, color negro con morado, estaba de punta. Parecíamos un cuadro extraño.

Las diferencias en nuestros aspectos no importaban, sin embargo, cuando nos miramos a los ojos y hablamos por un tiempo, supimos que íbamos a ser amigas. Nos habremos visto diferentes por fuera, pero nuestros puntos de vista sobre lo que más nos interesaba eran iguales. No sé si alguna vez has tenido el gozo de conocer a Joni o de leer uno de sus libros, pero ella tiene una gracia fuerte y gentil dentro. Ella se sonríe mucho y le gusta cantar, lo cual hizo durante el festival en Holanda. Nos gustaban las mismas cosas y nos veíamos de vez en cuando durante los años siguientes en conferencias o en convenciones, siempre buscando la manera de agarrar unos minutos para ponernos al día en cuanto a nuestras vidas.

A través de los años, me he preguntado cómo sería en realidad la vida de Joni, día tras día. Si ves su sonrisa calurosa y su aspecto bien arreglado, supondrías que ese espíritu le vino fácilmente, pero Joni es cautivadoramente franca al decirnos que no es así. Ella describe un encuentro con un grupo de mujeres que conoció en un cuarto de baño en una conferencia femenina que ella dictó.

> Una mujer poniéndose su lápiz labial, dijo: «Ah, Joni, siempre te ves bien arreglada, muy feliz en tu silla de ruedas. ¡Desearía tener tu gozo!» Varias mujeres alrededor de ella asintieron con la cabeza. «¿Cómo lo haces?», preguntó ella mientras le volvía a poner la tapa a su lápiz labial.

Miré a las mujeres muy bien vestidas que estaban alrededor mío. Yo sabía que el receso iba a terminar muy pronto. ¿Cómo podría responder a su pregunta en sesenta segundos? ¿Cómo podría resumir en una frase sencilla lo que me ha tomado tres décadas de cuadriplejía aprender?

«No lo hago», le dije. Eso les hizo arquear las cejas. «De hecho, ¿puedo decirles sinceramente cómo me levanté esta mañana?» Varias mujeres se reclinaron sobre el mostrador para escuchar. «Este es un día normal». Respiré profundamente. «Después que mi esposo, Ken, se va a trabajar a las seis de la mañana, me quedo sola hasta que escucho que la puerta de enfrente se abre a las siete de la mañana. Es cuando una amiga llega para levantarme».

«Mientras la escucho hacer el café, oro: "Oh, Señor, mi amiga pronto me va a dar un baño, me va a vestir, me va a poner en una silla, me va a cepillar el cabello y los dientes y me va a ayudar a salir de la casa. Pero no tengo fuerzas para enfrentar esto una vez más. No tengo recursos. No tengo una sonrisa para hoy. Pero tú sí. ¿Puedo tener la tuya? Dios, te necesito desesperadamente"».[1]

Una de las más grandes tristezas e ironías de la vida de Joni, es que aunque está paralizada desde el cuello hacia abajo, todavía sufre un dolor considerable. Pensarías que la parálisis significa ausencia de dolor, que no sientes nada, pero a Joni no ha tenido ese alivio. La fortaleza que siempre veo en ella no es algo sencillo. Ha sido y continúa siendo una batalla brutal cada día para celebrar a Cristo en medio de su realidad. No obstante, cada día se pone inflexiblemente sus guantes internos de boxeo y pelea.

Cuando la entrevisté en el programa del Club 700 en 1991, me di cuenta mucho más de la dimensión de su relación con Cristo, era un núcleo de acero, de una fortaleza intangible y sin embargo innegablemente real. En ese tiempo, no hubiese podido decirte qué era esa dimensión, ¿sería resistencia? ¿Resiliencia? No estaba exactamente segura. Solamente sabía que lo quería. Quería saber lo que ella sabía. Quería la relación que ella tenía con Cristo, la que obviamente no había nacido de una vida fácil. Claramente, Joni había tenido una vida de sufrimiento. ¿Era el sufrimiento la clave, la cosa que dio a luz esa cualidad que no podía definir con exactitud?

Yo no quería el sufrimiento, ¿quién lo quiere?, pero sí quería el conocimiento que ella poseía y su fortaleza.

Así que cuando me despedí de Joni ese primer día en que nos conocimos, determiné que me iba a mantener en contacto con ella y hacer que nuestra relación creciera. Entonces en 1992, la vida se me hizo pedazos y perdí contacto con todo el mundo.

La promesa de fortaleza

Estaba sentada en la oficina del psiquiatra en el hospital y podía escuchar que me estaba hablando, pero era como si estuviese oyéndolo a través de un vidrio o si estuviese atrapada dentro de una pecera. Sus ojos eran bondadosos y su postura al inclinarse parecía transmitir confianza, pero ya yo no quería estar allí. Él me habló de los avances recientes que se habían logrado para entender la depresión clínica y de los nuevos medicamentos que eran más eficientes para detener ese sentimiento aplastante de que desaparecía gradualmente cada día. Podía ver que me estaba ofreciendo esperanza, pero yo no la estaba aceptando.

No es que lo veía como el doctor excelente que demostró ser. Solamente que no estaba interesada. Él me ofreció los primeros pasos en el camino hacia la recuperación y el bienestar, pero yo no los quería. El goteo, goteo, goteo de la depresión me había afectado tanto hasta que finalmente sentí como que si me estaba ahogando y ya sin fuerzas ni deseos de luchar. Sentía como que me estaba hundiendo, como John Keats lo describe: «Estoy en ese humor en el que si estuviese bajo el agua, seguramente no patalearía para salir».[2] Aunque este doctor me estaba tirando un salvavidas, yo no tenía la energía ni el deseo de agarrarlo.

Ahora hallo extraño, mientras estoy sentada a la mesa de la cocina escribiendo estas palabras en la computadora, regresar a ese lugar de oscuridad y desesperación total. Parece como si fuera otra vida. Veo por la ventana a mi hijo de trece años tirando la bola de fútbol con su papá y me sorprendo de que hubiera un tiempo en que yo quería morir.

A través de los años, he escrito y hablado sobre mi experiencia con la depresión, y he tenido una conexión instantánea con otras que han sufrido o que están sufriendo. No necesitamos muchas palabras, solamente entender cuán oscura puede ser la noche.

Una amiga me sugirió recientemente que debía ver eso como una parte de mi pasado y no hablar más sobre ello: «Después de todo, ¿no quieres ser un ejemplo clásico de la depresión, verdad?»

No estoy segura. Tal vez sí quiero serlo. No para estar atascada en el pasado y no poder seguir viviendo mi vida, pero definitivamente para estar presente y disponible para aquellas personas que apenas están empezando a descender. La depresión es una enfermedad aislante, la cual solamente acrecienta la desesperación. Quiero que otros sepan lo que descubrí, que hay ayuda y sanidad, que un día nuevamente vas a querer comunidad y desear no solamente la compañía de otros, sino también la cercanía. Eso no sucede de la noche a la mañana, pero cada paso en la dirección correcta disipa un poquito la oscuridad.

Los días y las semanas después de que comenzó mi tratamiento, solamente puedo describirlos como que si estuviese percibiendo una luz trémula. «Si el Señor no me hubiera brindado su ayuda, muy pronto me habría quedado en mortal silencio. No bien decía: "Mis pies resbalan", cuando ya tu amor, Señor, venía en mi ayuda. Cuando en mí la angustia iba en aumento, tu consuelo llenaba mi alma de alegría» (Salmo 94.17–19).

Hay algo santo que Dios ha metido en el sufrimiento. Ni siquiera voy a intentar decir cómo se ve o se siente el sufrimiento para ti en estos momentos. Pero déjame decirte que cuando me caí del borde de mi vida, descubrí que siempre había sido sostenida. De alguna manera misteriosa, era como que si Dios extendió la mano, me agarró, y me levantó. Estaba físicamente débil y emocionalmente agotada, pero estaba consciente de que era el principio de ese algo que yo había visto en los ojos de Joni, esa unidad con Jesús. Inicialmente quería salir corriendo de la incapacidad de colgarme y agarrarme de Dios, y de sus promesas. No quería ser vulnerable ni sentirme que estaba fuera de control. A través de los años, me había enseñado a mí misma a cuidarme para que nadie pudiese herirme muy profundamente. Pero descubrí que cuando me protejo de otra gente, me protejo de Dios también. Los votos internos que hacemos, a la larga nos aíslan y echan sombra sobre el paisaje de nuestras vidas.

Hay algo santo que Dios ha metido en el sufrimiento.

Esta es la clave para conectarte al poder de permitir que Cristo, que venció al mundo, te ayude a través de tus problemas y sufrimientos. Tienes que finalmente darte por vencida y decidir, cueste lo que cueste, que quieres ser libre para amar a Cristo y seguirlo a donde sea que esto te guíe. Aun si eso significa un lugar donde la única cosa que te impida caer en confusión o desesperación, sea agarrar la promesa de vencer que te hizo. Yo tuve que decidir en una sala psiquiátrica que ya no quería vivir una vida segura, cómoda y fría. Quería vivir rendida a Dios. Empecé a ver que muy a menudo solamente estaba dispuesta a darle a Dios lo que podía perder o lo que ya había perdido. Pero no hemos sido diseñados para vivir cuidadosamente, ocultando lo que somos en realidad, nuestras esperanzas, nuestros temores. La verdadera fortaleza nos invita a vivir con un alma y un corazón francos, sabiendo que Cristo nos tiene agarrados bien y fuertemente.

La verdadera fortaleza nos invita a vivir con un alma y un corazón francos, sabiendo que Cristo nos tiene agarrados bien y fuertemente.

Para mí, eso significaba renunciar a la posición que yo misma me había impuesto como salvadora y aceptar ser una oveja que sigue a su Pastor.

Así que cuando siento que estoy separándome de mis amigas más cercanas, decido extender la mano y pedirles que oren por mí en vez de retirarme a un lugar oscuro.

O cuando sé de alguien que está caminando a través de la pesadilla de un niño con cáncer, me acerco a ella para reafirmarle que no está sola, porque sé que aun en este lugar Cristo está presente en el sacramento del sufrimiento.

Una cosa es decir: «El Señor es mi pastor, nada me falta». Otra es cuando te encuentras en un lugar oscuro y descubres que no estás sola, cuando realmente empiezas a depender de la promesa de Dios que está metida dentro del Salmo 23.4: «Aun si voy por valles tenebrosos, no temo peligro alguno porque tú estás a mi lado; tu vara de pastor me reconforta».

El clavado que hice desde una barranca o mi caída del borde se vio así: Pasé de ser un día la coanfitriona de un programa informal de entrevistas sindicalizado nacionalmente, a estar en la sala psiquiátrica de un hospital esa misma tarde. Cambio total de fortuna. Pensé en Joni la primera noche. Ella no escogió la vida que tenía ahora. Ella hizo un clavado desde una plataforma y se rompió el cuello. No estoy ni por un momento, empezando a comparar el sufrimiento que Joni continúa experimentando con nada de lo que yo he conocido. Pero sé suficiente acerca de los problemas que ella ha enfrentado para saber cuán tentador es querer simplemente decidir no tomar parte de los días y de las semanas venideras.

Salirse de un hueco de esa profundidad es difícil y existen muchas verdades dolorosas que tienes que enfrentar mientras te estás saliendo. Si nunca has sufrido de una depresión severa, pienso que es difícil entender el dolor físico y mental que implica eso. La mayoría de la depresión es silenciosa y aisladora e... interna. Un tumor cerebral se manifiesta en un escáner cerebral, pero la reducción química del cerebro no.

La depresión es solamente una de las miles de realidades aislantes. Pienso en la mujer a quien le acaban de decir que no puede tener hijos:

La puerta de la guardería se le acaba de cerrar en la cara y ella se va a quedar como la persona de afuera. En la mujer a quien su esposo la mira a los ojos después de veinticinco años de casados y le dice: «Ya no te quiero. No sé si alguna vez te quise». O en la mujer que se mira al espejo por primera vez después que el paisaje de su femineidad fue arrasada por el cáncer del seno. La tentación de aquellos que están mirando desde afuera, es decir: «Tranquilízate. ¡Tienes tanto que agradecer!» Para aquellos que están en el ojo de la tormenta, eso es como decirle a un niño con una pierna aplastada: «Levántate y ponte a caminar».

La silente fortaleza que vi en Joni nació de un crisol de dolor tan profundo que no te puedes mover, un sufrimiento tan abrumador que te aplasta con el peso de un océano. Pero lo que ella descubrió es que cuando eres clavada, eres sostenida.

Eso no evitó que experimentara el dolor o la capacidad de sentir dolor, pero le dio una intimidad con Cristo que es simplemente hermosa.

No hablo de estas cosas a la ligera. Mientras lees estas palabras, puede que estés en medio de un sufrimiento inimaginable. Lo que quiero que te acuerdes o que sepas por primera vez, es que Cristo ha estado en el fondo del hoyo del sufrimiento. Él probó los peores pozos que el infierno puede ofrecer, y resucitó para hacernos libres y asegurarnos un destino con Él para siempre, uno que Satanás no puede tocar. Al caminar en nuestro camino incomparable que nos llevará a casa, Él promete caminar con nosotros y ayudarnos a vencer.

Para el tiempo en que Joni y yo nos encontramos por segunda vez, mi vida estaba en un lugar totalmente diferente. Estaba empezando a entender lo que las Escrituras llaman los tesoros de las tinieblas: «Te daré los tesoros de las tinieblas, y las riquezas guardadas en lugares secretos, para que sepas que yo soy el Señor, el Dios de Israel, que te llama por tu nombre» (Isaías 45.3). Joni vio eso. Y me dijo que cuando me conoció, la primera palabra que le vino a la mente fue: *Fuerte*. Después de mi hospitalización, «una palabra diferente y mejor le vino a la mente: "gentil", más que eso, "quebrantada y gentil"».

No importa qué circunstancias nos muevan el piso, descubrí, como millones antes que yo que han caminado por este camino de fe, que Dios usará las noches más oscuras para dejarnos saber que está con nosotros, que nos sostiene. Las palabras de Cristo que hemos conocido por años, de repente cobran vida y dan esperanza. Jesús les dijo a aquellos más cercanos a Él: *Vas a afrontar aflicciones en este mundo, eso es definitivo. No te sorprendas por eso y deja de buscar una vida sin problemas. ¡Se valiente! Anímate con esta verdad absoluta: Yo he vencido al mundo. Nosotros ganamos, seguro. Así que cuando ya no te puedas agarrar más, conoce esto, yo te estoy agarrando. Cuando las fuerzas se te acaben, todavía te tengo en mis manos y te daré mi fortaleza para que te sigas sosteniendo.*

Esa es una promesa absoluta. Y los discípulos de Jesús estaban a punto de descubrir exactamente lo que significaba.

Una revolución para el débil

El hecho que no se me escapa es que cuando Jesús hace su promesa de vencer al mundo (Juan 16.33), sus discípulos piensan que las cosas están empezando a verse bien para ellos y para su pueblo. Ellos habían estado con Jesús casi tres años y medio de ministerio. Ellos sienten un cambio y una revolución en el aire. La gente sigue a Jesús y Él hace milagros. Su enseñanza está llena de autoridad, pero sus historias siempre desmienten lo que la gente cree que sabe. Eso es perturbador, especialmente para los tradicionalistas que están entre ellos, por lo que la vida de Jesús ha sido amenazada por oficiales religiosos y por rabíes.

Ahora Jesús acaba de entrar a Jerusalén, la gente le da la bienvenida con alabanzas y tienden sus mantos sobre el camino para que caminara sobre ellos (Mateo 21.8–9). Toda la ciudad está conmovida. Los discípulos le están mostrando los edificios del templo a Jesús (Mateo 24.1–2), pensando: *Este es el tiempo. Este es el principio de Cristo viniendo a nosotros como Rey con un nuevo orden.* Ellos no entienden que Jesús no vino a establecer un reino terrenal, aun cuando Él les dice que van a ser perseguidos y que van a sufrir por su causa (Mateo 24.9).

Ellos no ven que la vida de Jesús como hombre está a horas de derrumbarse.

Lo que ellos sí ven los deja perplejos. Después de haber resucitado a Lázaro de los muertos (Juan 12.9–10), Jesús no vuelve a estar frente al público. Él sabe que su tiempo es muy corto y por un momento se aparta de sus enemigos para estar con sus amigos más cercanos y prepararlos para lo que está por venir.

Así que esa es la escena preparada para la noche final de Jesús con sus amigos. Ellos se van al aposento alto y se preparan para la cena. Pero primero Jesús necesita darles una lección final, trata de mostrarles de una manera más, que ha venido a traer una revolución y que tiene que empezar en sus corazones, no reuniendo sus propias fuerzas para la batalla, sino dependiendo solamente de la de Él.

Así que toma una toalla, luego una vasija de agua y empieza a lavarles los pies a sus discípulos.

Los discípulos están atónitos. El que iba a ser su Rey acababa de tomar el trabajo más degradante y penoso reservado para esclavos que no eran judíos. El poderoso escogió el lugar de los despreciables. Su brazo fuerte ha escogido ser débil.

Nosotros sabemos que así es como Jesús escogió pasar sus horas finales en la tierra, en un lugar de debilidad y humildad, un lugar de sufrimiento, en el que no parecía que estaba venciendo sino que era pisoteado. Si los discípulos hubiesen entendido cuán poquita arena quedaba para escurrirse en el reloj de arena, habrían preguntado: ¿Es esto vencer al mundo?

Tal vez te estés preguntado lo mismo.

Es una buena pregunta y la respuesta de Jesús es revolucionaria: Sí, en la debilidad hay fortaleza, porque al tomar nuestro sufrimiento, podemos ser fuertes. El plan de Jesús, desde el principio, era vencer el mundo no con violencia, sino con amor, un amor tempestuoso más fuerte que la muerte y que las aguas no pueden apagarlo ni los ríos extinguirlo (Cantares 8.6–7).

El plan de Jesús, desde el principio, era vencer el mundo no con violencia, sino con amor.

El Evangelio de Juan dice esto al principio de la escena del lavado de pies: «Y habiendo amado a los suyos que estaban en el mundo, los amó hasta el fin» (Juan 13.1). Al lavar los pies de sus queridos amigos, Jesús les está dando a ellos y a nosotros una muestra de lo que está a punto de hacer para todos nosotros, lavarnos completamente y no solamente usar agua, sino su propia sangre. Dios nos empezó a dar pistas desde el Jardín del Edén, cuando mató a un animal para hacer ropas para vestir a Adán y a Eva (Génesis 3.21). Y nuevamente a través del Éxodo y las divagaciones en el desierto cuando les dijo a los israelitas que untaran la sangre de un cordero de un año y sin defecto sobre los dos postes y en el dintel de la puerta de sus casas para que el Ángel de la muerte no los tocara (Éxodo 12.3–13). Entonces detuvo la mano de Abraham cuando estaba a punto de enterrar el cuchillo en el corazón de su hijo Isaac y proveyó un sustituto: un carnero enredado por los cuernos en el matorral (Génesis 22.9–14). Y todo el tiempo desde Génesis hasta el Apocalipsis, ya que éramos incapaces de cubrirnos a nosotros mismos, Cristo nos cubre al lavarnos con su sangre.

Pablo escribe magníficamente acerca de esta redefinición de la fortaleza en su gran himno cristológico, que se encuentra en el capítulo dos de su carta a la iglesia en Filipos. Recomiendo muchísimo que memorices estas palabras. Son totalmente hermosas al describir todo lo que Cristo dejó atrás:

> [Jesús] se rebajó voluntariamente,
>   tomando la naturaleza de siervo
>   y haciéndose semejante a los seres humanos.
> Y al manifestarse como hombre,
>   se humilló a sí mismo
>   y se hizo obediente hasta la muerte,
>   ¡y muerte de cruz!
> Por eso Dios lo exaltó hasta lo sumo
>   y le otorgó el nombre
>   que está sobre todo nombre,
> para que ante el nombre de Jesús
>   se doble toda rodilla
>   en el cielo y en la tierra
>   y debajo de la tierra,
> y toda lengua confiese que Jesucristo es el Señor,
> para gloria de Dios Padre. (Filipenses 2.7–11)

Aquí, el que creó todo con sus palabras, decidió doblar las rodillas y permitió que el peso y el pecado del mundo lo aplastara para que nosotros pudiésemos ser libres y su Padre fuese glorificado. Los discípulos, claro está, no entienden eso en el aposento alto cuando Jesús les está lavando y secando los pies. Así es como Jesús les muestra a ellos y a nosotros una de las cosas más extraordinarias sobre su promesa de ayudarnos a vencer al mundo, exactamente cómo la va a cumplir.

Sus oraciones cumplen su promesa

Primero, Jesús les dice a sus discípulos algunas cosas perturbadoras:

- *A Pedro: Que él lo va a traicionar.*
- *A toda la mesa: Así mismo como el mundo lo odia a Él, los van a odiar a ellos.*
- *Que todos iban a ser sacados de la sinagoga; y que de hecho llegaría el tiempo en que aquellos que mataran a los seguidores de Cristo, iban a creer que lo estaban haciendo para Dios (Juan 16.1 2).*
- *Y que en esa misma noche, cuando los necesitara más, ellos se iban a dispersar a sus propias casas y lo iban a abandonar.*

¿Será esa la manera de fortalecer a los pusilánimes o de dar poder a los débiles? *¿Qué es lo que está haciendo Jesús?*

Creo que está diciendo: Todo esto va a suceder pero Dios todavía tiene el control. Él le está diciendo a Pedro: *Cuando te escuches decir lo que habías jurado que nunca ibas a hacer, yo entiendo y te amo.* Él le está diciendo a sus discípulos en ese entonces y a nosotros ahora: *Cuando tu mundo se derrumbe y nada tenga sentido, todavía estás siendo sostenida. Nada de lo que suceda va a ser una sorpresa para Dios.* Vivimos en un planeta caído y en malas condiciones, pero Cristo nos ha asegurado un pasaje directo a casa. O como 2 Corintios 1.5 lo expresa: «Pues así como participamos abundantemente en los sufrimientos de Cristo, así también por medio de él tenemos abundante consuelo».

Escucho este versículo como que nuestro Padre nos está diciendo de gran manera: «¡Que no cunda el pánico!»

Así que con estas palabras Jesús lleva a sus discípulos al monte de los Olivos. Lucas 22.39 nos dice que era común para Él pasar tiempo en el jardín con su Padre, para apartarse del mundo y poder orar. Pero algo que hace esa tarde es inusual: Se aparta de sus discípulos como a un tiro de piedra. Jesús, nuestro Refugio, nuestro lugar de escondite, está mostrando que aun cuando pensamos que no está cerca, Él está al alcance de la mano. Él está con nosotros, listo y como Juan 18.4 dice: sabía todo lo que le iba a suceder a Él y a nosotros.

Y mientras los discípulos duermen, exhaustos y agotados, Jesús ora. «Padre, si quieres, no me hagas beber este trago amargo; pero no se cumpla mi voluntad, sino la tuya» (Lucas 22.42). Aquí Cristo une nuestra humanidad con el llamado a la servidumbre. Sabiendo el problema que le iba a llegar esa noche, Cristo pregunta si es posible eliminarlo y, sin embargo, al mismo tiempo, se somete a la voluntad de Dios. Nuestro Dios no es un botón cósmico de expulsión, una separación completa de las pruebas y de las penurias de este mundo. Si te pones a meditar, ¿cómo es que esa manera de pensar puede ser una demostración de la verdadera fortaleza? ¿Alguna vez has evitado una situación difícil? ¿Rehuido una confrontación o evadido un sueño por temor al fracaso? La fortaleza de Dios es una que reposa. Y al sostenernos con esa fortaleza, Él nos da poder para que nosotros también reposemos.

Antes de salir del aposento alto esa noche, Jesús oró por sus amigos: «No te pido que los quites del mundo, sino que los protejas del maligno» (Juan 17.15). Dios nos va a proteger, como lo afirma este versículo. Cuán admirable y cuán generoso. En su propio momento de incertidumbre y amargura, tristeza profunda y fatiga, Jesús le pide al Padre que no nos quite del mundo y de sus problemas, sino que nos proteja. Y su pedido es que al protegernos, nos dé fortaleza, resistencia y resiliencia.

Jesús sabía qué era lo que le venía, y se detuvo a orar por sus discípulos, por ti y por mí. Qué ejemplo más poderoso. Sus acciones mismas nos muestran que la mejor forma en que podemos enfrentar el sufrimiento es no darse por vencido ni retraerse, sino extender la mano, mirar hacia arriba y aferrarse a su promesa. Los problemas están tejidos dentro de la tela misma de la vida, pero Cristo ha vencido. El llamado a que nos animemos implica acción, conciencia. Para mí, este versículo dice: «¡Deténganse! Recuerden que Cristo nos preparó para el hecho de que los problemas van a venir, así que recojamos todo lo que estamos sintiendo y metámonos en su refugio, la hendidura de la Roca, porque Él ha vencido».

Lo que de seguro todos sabemos es que de una u otra manera, cada uno de nosotros va a sufrir en este mundo. Algunas personas tienen que soportar más que otras. Algunos parecen deslizarse por este mundo sin dolor, pero nadie sale ileso. No importa cuán difíciles sean las circunstancias, Jesús les asegura a los pusilánimes que Él venció al mundo y nos va a ayudar a hacer lo mismo, y el tiempo de esa promesa es importante. Solo horas antes de que Jesús fuese traicionado por sus amigos, burlado y golpeado, azotado y torturado, clavado a una cruz y escupido, asesinado, su mensaje de corazón a corazón, a sus amigos más cercanos es este: *Anímense, yo he vencido al mundo.*

Ese es el punto de las promesas. Existe una realidad extraña pero alentadora envuelta en las promesas y en el sufrimiento, y el hecho es que Dios está presente en los momentos de tristezas más profundas, sus brazos son amplios y agarran fuertemente. Son lo suficientemente fuertes como para protegernos y lo suficientemente fuertes como para sacarnos de este mundo.

Para mí, la mayoría de las promesas de Cristo son profundamente consoladoras, pero hay algo en esta que escucho en mi alma como un grito de batalla. Al ver el camino que Cristo abrió para ti y para mí, para que pudiésemos ser libres para amarle y vivir con Él por siempre, aun en medio de los problemas, ¡quiero permanecer firme! No importa cuán solos nos sintamos algunas veces, por lo que hizo Jesús por nosotros, nunca estamos solos.

Aun en el ojo de la tormenta, le pedimos a nuestros corazones que se acuerden de que no importa cuán difícil se haga la vida, ¡nosotros ganamos!

No importa cuán solos nos sintamos algunas veces, por lo que hizo Jesús por nosotros, nunca estamos solos.

9

MÁS

Sé que hay algo mejor

LA PROMESA

Pidan, y se les dará; busquen, y encontrarán; llamen, y se les abrirá. Porque todo el que pide, recibe; el que busca, encuentra; y al que llama, se le abre.

—MATEO 7.7–8

Todavía puedo ver las caras y las sonrisas que tenían de oreja a oreja. Christian y su amiguito estaban sentados sobre sus camas gemelas como dos príncipes, con la lista del menú del servicio de habitaciones en sus manos.

Me los había traído a Fort Lauderdale, donde iba a dictar una conferencia ese fin de semana y había incluido un tiempo en la playa con los niños. Como cumplieron la gran edad de diez años, me pidieron tener su propio cuarto. Después de tragarme una risotada, les dije que íbamos a tener cuartos adyacentes y que iban a tener que dejar la puerta abierta. Después de ayudarlos a que se establecieran, les pregunté si querían comer la cena en el cuarto o en el restaurante. Concordaron que el servicio de habitaciones sonaba mejor. Les di los menúes para que los vieran y me fui a desempacar mi maleta.

Después de unos momentos, Christian asomó la cabeza por la puerta:

—¿Puedo ordenar para mí y para Chase?», preguntó. «¡Yo sé qué hacer! ¿Por favor?

Christian había estado viajando conmigo desde los seis meses de edad. Yo estaba bastante segura de que él podría encargarse de eso.

—Está bien, pero si piden hablar con una persona adulta, estoy aquí —le dije.

—¡Está bien! —gritó mientras corría de regreso hacia el otro cuarto.

Podía oír a los niños hablando y no pude resistir escucharlos.

—¿Así que has hecho esto antes? —preguntó Chase.

—Cientos de veces —respondió Christian.

—¿Y no necesitamos dinero? —Chase incitó.

—No, amigo, es como un milagro —respondió Christian—. Solo llamas y ordenas lo que quieres, te lo traen en una bandeja y solamente tienes que firmar un pedazo de papel; eso es todo.

—¡Increíble! —dijo Chase.

—¿Verdad? Lo sé, ¡increíble! —Christian le hizo eco.

Esperé hasta que escuché a alguien tocar a la puerta y me paré en la entrada que conectaba nuestros cuartos para asegurarme de que quien fuera que estuviese entregando la comida viera que no estaban solos. Christian respetuosamente firmó el recibo y caminó con el servidor hasta la puerta. Cuando me volteé, vi por primera vez lo que ordenaron: dos pizzas grandes de salchichón a la pimienta, una cada uno, una pinta de helado y un tarro de chocolate caliente.

—Mira todo esto, mamá —Christian anunció triunfalmente—. ¡Y no nos costó ni un centavo!

Traté de no reírme, ¡pero fue muy difícil! Esa noche les expliqué los mecanismos de los servicios de habitación a mi hijo y a su amigo fascinado. Les dije que sí, hay cosas maravillosas que podemos pedir, y no, no se reciben si no se piden, pero no hay tal cosa como un almuerzo gratis. Christian suspiró y preguntó: «Ah, mamá, ¿es este otro de esos momentos de enseñanza?»

Al reflexionar en lo que sucedió esa noche, ¡fue divertido pero también aterrador pensar que pudieron haber pedido todo lo que estaba en ese menú! Sin embargo, eligieron pedir la comida de un sureño típico. De hecho, no fue la más nutritiva y los dos se veían claramente incómodos después cuando se acostaron sobre sus camas como dos ballenas varadas, pero ah, cómo nos reímos muchísimo.

Comencé a pensar en la orden que pidieron y me pregunté si, en muchas maneras, hacemos algo similar en nuestra relación con Dios. Nuestro Padre celestial nos ofrece mucho más que un menú de servicios de habitación, ¡y sus recursos son ilimitados! Pero como Christian y su amigo, decidimos pedir una comida poco saludable que parece ser apetecedora, mientras que Dios nos ofrece una comida gastronómica abundante de su presencia en cada momento de nuestras vidas.

Una promesa para más

Muy a menudo decidimos tener cosas temporales y pequeñas en lugar de la gran riqueza espiritual que Dios quiere darnos. No me sorprende que justo al final de su primer mensaje documentado, el Sermón del monte, Jesús hace esta promesa: «Pidan, y se les dará; busquen, y encontrarán; llamen, y se les abrirá. Porque todo el que pide, recibe; el que busca, encuentra; y al que llama, se le abre» (Mateo 7.7–8).

Al leerlo por primera vez, puedes estar tentada a pensar que esta promesa está dirigida a nuestro lado más autoindulgente, pero cuando empiezas a profundizar más, ves que hay un tesoro no explotado bajo el primer versículo. Lo que Jesús está prometiendo es una transformación radical de la forma en que pensamos y cómo vivimos. Puedo ver a la gente inclinándose cuando Jesús les dice esto en ese monte. Cuando se sentó para enseñarles (una indicación para la multitud de que estaba adoptando la posición de rabí), la gente se acercó más. Pero lo que ellos estaban a punto de escuchar les iba a asombrar igual como si de repente les gritara en sus caras, porque su promesa a nosotros, como ese sermón, se trata de *más*. Lo que sea que pidamos, Él tiene más. Lo que Él está a punto de decir cambiará todo, si entendemos la promesa.

Lo que Jesús está prometiendo es una transformación radical de la forma en que pensamos y cómo vivimos.

Ciertamente la gente en ese monte no se esperaba lo que Jesús iba a decir ese día. Él estaba enseñando con autoridad; ellos se dieron cuenta de eso. Pero sus palabras y esta promesa los sorprendería sobremanera. Él les daba consuelo y luego les daba un reto. Les decía que lo que importaba era el corazón y luego insistía en que, a causa del corazón, deberíamos vivir mejor con entrega y pasión. Él le diría a la gente que Dios no estaba distante ni desaprobando, ni desconectado, pero es un Padre que le gusta dar buenos regalos a sus hijos. Así que deberían pedir, y pedir y seguir pidiendo.

Inclínate y escucha

Para entender cuán sorprendente es la promesa de Jesús, tienes que imaginarte la escena y ponerte en el lugar de las primeras personas que lo escucharon. El Sermón del monte no fue un simple mensaje de sutilezas. Por el contrario, fue como un concierto de U2 en el anfiteatro de los Red Rocks. Había asombro y admiración. Jesús no empezó la enseñanza lentamente ese día ni dándole un saludo cordial a las personas. Al contrario, las sorprendió sobremanera.

Una amiga mía que es entrenadora de oratoria, lo explica de esta manera: Cuando te diriges a una multitud, la primera oración que sale de tu boca es crucial, ya que puede resonar en tu audiencia y captar su atención, cautivando a tus oyentes, o no funcionar y hacer que la gente deje de prestarte atención.

Bueno, la primera palabra que salió de la boca de Cristo remachó a la multitud porque era una palabra que jamás había sido asociada con ellos: *Dichosos*. La palabra en el griego es *makarios*, que significa «feliz» cuando es aplicado a hombres o a mujeres, pero cuando se le aplica a Dios, significa: «La gloria del evangelio». En la primera carta de Pablo a Timoteo, el primero usa esa palabra cuando escribe acerca del «glorioso evangelio que el Dios bendito me ha confiado» (1 Timoteo 1.11).

Eso es notable porque la palabra dichoso era poderosa para los que escucharon a Jesús ese día. Para ellos significó: «Gozo divino, felicidad perfecta» y describió la clase de gozo que se creía que solamente era experimentada por los dioses o los muertos. Era usada en la literatura pagana griega de ese entonces para describir la felicidad que solo ellos podían conocer.[1] Dichoso implica una seguridad interna y un descanso que no dependían de las circunstancias externas ni de la habilidad para guardar las reglas de la felicidad. Eso era mucho más que lo que los judíos hubiesen podido anhelar. Ellos se esforzaban para ser aceptados, para escapar ser juzgados, pero ser dichosos, qué regalo.

Así que puedes ver por qué era un concepto revolucionario para aquella audiencia. Los fariseos, sus guardianes intelectuales y afanosos, les habían enseñado que la justicia se relacionaba con los comportamientos externos, era un asunto de obedecer reglas y reglamentos, que eran muchos por cierto. Los fariseos les habían enseñado que orar, dar, ayunar y guardar todas las otras reglas dietéticas y las del sábado podrían medir la justicia de la persona.

Pero en las bienaventuranzas, Jesús describió cómo el carácter fluía desde dentro del corazón humano. Esa no era una lista de cosas para marcar como tareas completadas al final del día, más bien era una nueva forma radical de vivir, entregado completamente a Dios. Jesús no estaba vendiendo membresías para un club, estaba llamando a la gente a unirse a un nuevo reino que les costaría todo lo que tenían pero que les daría todo lo que necesitaban. ¿Puedes imaginarte si te has pasado toda la vida tratando de guardar cada regla excesivamente exigente para tratar de encontrar favor con Dios y de repente oyes que lo que realmente importa es tu corazón?

Ahora bien, cuando digo reglas excesivamente exigentes, me refiero a reglas excesivamente exigentes. Veamos unos cuantos ejemplos:

- *En el Sábado (Sabbat en hebreo, relacionado al verbo shavat, que significa «cesar, desistir, descansar»), si apagabas la lámpara de aceite porque alguien en la casa estaba enfermo y querías que pudiera dormir, eso no era quebrantar la ley. Pero si la apagabas porque querías ahorrar aceite, eso era quebrantar la ley.*
- *Si un marinero judío quedaba atrapado en una tormenta un viernes después de la puesta del sol y tocaba el timón, aunque era sencillamente para salvar su vida o la de sus pasajeros, eso era quebrantar la ley.*
- *El tratamiento para aliviar el dolor de dientes en esos días era poner vinagre sobre el diente que estaba doliendo, pero si hacías eso el Sábado, estabas quebrantando la ley. Sin embargo, si ponías bastante vinagre sobre la comida ese día y tenía el efecto secundario de parar el dolor del diente, los rabíes dirían: «Si está sano, está sano».*

Una locura, ¿no lo crees?

Jesús eleva el estándar

¿Ves cuán complicada y estresada era la vida de los judíos con esas leyes? Qué alivio entonces cuando Jesús habló y la primera palabra que salió de su boca fue «dichoso», y fue aun más sorprendente cuando dio una lista de personas específicas que son dichosas: los pobres en espíritu, los que lloran, los humildes, los que tienen hambre y sed de justicia, los compasivos, los de corazón limpio, los que trabajan por la paz, los perseguidos por causa de la justicia, «aquellos cuando por mi causa la gente los insulte, los persiga y levante contra ustedes toda clase de calumnias» (Mateo 5.1–12).

Me puedo imaginar a la multitud inicialmente aturdida pero luego animada por la promesa que les dio de una vida bendecida. Después de todo, esos oyentes eran una gente perseguida. Los romanos regían sobre sus vidas y los llevaron a la pobreza por la cantidad de impuestos que les pusieron. Los romanos usaron hasta a personas judías para sacarles impuestos ridículos y hacían la vista gorda en cuanto a los que le sacaban más dinero a la gente de lo que se requería y se los guardaban para sí mismos. Estoy segura de que no había un grupo de personas más detestado que el de los judíos que trabajaban para los romanos y usaban el poder de sus botas para hacerse ricos.

Uno de esos hombres fue Zaqueo. Su nombre significa «puro», pero su vida desmentía su nombre. Él se había hecho rico a costa de los que estaban a su alrededor. Pero Zaqueo descubrió que hay algo intrínsecamente desilusionante incorporado en todo lo que este mundo ofrece y lo que él realmente necesitaba, solamente Jesús se lo podía dar. Zaqueo se había valido de artificios para conseguir muchas riquezas, pero su pobreza espiritual era miserable. Él estaba hambriento por lo que realmente era importante, por lo que permanecería para siempre. En un encuentro dramático con Cristo, Zaqueo recibió más de lo que se atrevería a pedir o soñar. Veamos su historia en un momento.

No solo los romanos oprimieron a los judíos, sino que los líderes que habían sido enviados por Dios para guiarlos y amarlos, los habían agotados hasta lo más bajo con sus reglas y reglamentos triviales. No había gozo, gracia ni libertad, solamente una vara de medir sin misericordia que cada día les contaba la historia de cuán lejos de la justicia estaban. Y aquí estaba un hombre que no solo habló en contra de la opresión que estaban sufriendo, sino que se dirigió más profundamente a sus corazones y a la opresión que estaba empezando allí.

Entonces el mensaje de Jesús se complicó más. Él le dijo a la multitud que ellos eran sal y luz. Si la sal se vuelve insípida, dijo, ya no sirve para nada. Y es lo mismo con la luz, si la cubres con un cajón, no ayuda a nadie. Entonces dejó caer la bomba:

> No piensen que he venido a anular la ley o los profetas; no he venido a anularlos sino a darles cumplimiento. Les aseguro que mientras existan el cielo y la tierra, ni una letra ni una tilde de la ley desaparecerán hasta que todo se haya cumplido. Todo el que infrinja uno solo de estos mandamientos, por pequeño que sea, y enseñe a otros a hacer lo mismo, será considerado el más pequeño en el reino de los cielos; pero el que los practique y enseñe será considerado grande en el reino de los cielos. Porque les digo a ustedes, que no van a entrar en el reino de los cielos a menos que su justicia supere a la de los fariseos y de los maestros de la ley. (Mateo 5.17–20)

Así que no solamente era importante que se observara la ley, sino que no podías cambiar la interpretación ni con un trazo pequeño. Tenías que ser exacto.

¿Puedes imaginarte a la gente pensando lo siguiente: *Bueno, Señor, estaba entendiéndote un poco, ¡pero ahora quedé completamente confundido! Primero me dices que lo que importa es mi corazón, pero luego me dices que a menos que mi justicia supere a la de los que han estado colgando estas leyes sobre nuestras vidas, no voy a poder ir al cielo? Eso no me da ninguna esperanza.*

Vive con un estándar más alto, apóyate más fuerte

Jesús, habiendo inicialmente traído a la multitud que estaba en la montaña ese día el consuelo que tanto necesitaban y la esperanza, luego les dio una tarea imposible: Que guardaran la letra de la ley mucho más de lo que lo hacía un líder judío consagrado. Era como si le hubiese llevado el mejor servicio de habitaciones, con las cosas que necesitaban, con más abundancia de la que ellos se hubiesen imaginado, y luego recordarles que tenían que pagar un precio muy alto.

¿Cómo podemos hacer eso? debió haber pensado la gente cuando Jesús les dijo que guardaran la ley aun más allá de la letra, en el corazón. ¿Cómo podemos vivir este requerimiento imposible?

Sus líderes religiosos supuestamente tenían que estar presentes en sus vidas y traerles consuelo y esperanza. En vez de eso, los fariseos no habían hecho nada más que añadir a la severidad de la vida a la gente. Y ahora este Jesús, que les había hablado tan consoladoramente, con tanto alivio para sus espíritus, estaba hablándoles no solo de vivir por la letra de la ley, sino que fueran más allá.

La gente debió haberse sentido agotada.

Y entonces es cuando Jesús hizo la cosa aun más extraordinaria. Miró a la multitud, solamente puedo imaginar el amor que había en sus ojos, y dijo: «No se preocupen por sus vidas». Él prometió que el Padre está interesado en nosotros y espera para que nosotros acudamos a Él cuando estemos perdidos, cuando necesitemos dirección o cuando anhelemos respuestas.

Así que después de este sermón largo y algunas veces confuso, viene esta promesa inaudita que nos invita a no esperar menos, sino a pedir mucho más de un Padre que nos ama y sabe lo que realmente necesitamos: «Pidan, y se les dará; busquen, y encontrarán; llamen, y se les abrirá. Porque todo el que pide, recibe; el que busca, encuentra; y al que llama, se le abre» (Mateo 7.7–8).

Para el vocablo «pidan», Jesús usó la palabra *aiteo*, que significa: «rogar a, implorar o suplicar». La palabra implicaba una distinción de posición y circunstancias entre las partes, y expresaba una petición de un inferior a un superior. (Una distinción, vale la pena notar, que Cristo nunca usó cuando hablaba con el Padre.)

Para el término «busquen», usó la palabra *zeteo*, que significa: «perseguir, esperar, esforzarse para encontrar».

Para la palabra «llamen», empleó el vocablo *krouo*, que significa: «tocar a la puerta con un golpe fuerte».

Jesús estaba diciendo: *Exprésate en voz alta a Dios. Corre hacia Él. Persíguelo. Golpea a su puerta en cualquier momento, día o noche. Vive con un estándar más alto, con todo tu corazón, pero apóyate más fuertemente sobre Dios, Con todo lo que tengas por dentro, y vas a encontrar a Dios allí, siempre listo, siempre esperando para darte aun más de lo que necesitas.*

Vive con un estándar más alto, con todo tu corazón, pero apóyate más fuertemente sobre Dios, Con todo lo que tengas por dentro, y vas a encontrar a Dios allí, siempre listo, siempre esperando para darte aun más de lo que necesitas.

¿Son nuestros deseos muy débiles?

¡Este es un mensaje increíble! Jesús no solamente nos recuerda que Dios espera para darnos lo que buscamos y que tiene las puertas abiertas para que le pidamos, pero que nos va a dar más de lo que nosotros sabemos que queremos o necesitamos.

Me gusta mucho la forma en que C. S. Lewis lo expresa en *The Weight of Glory* [El valor de la gloria]:

> Si acecha allí en las mentes más modernas la noción de que anhelar nuestro propio bienestar y anhelar con afán poder gozar de él, propongo que esta noción se ha deslizado de Kant y los estoicos, y que no es parte de la fe cristiana. De hecho, si consideramos las impudentes promesas de recompensa y la naturaleza titubeante de las recompensas en los evangelios, parecería que nuestro Señor encuentra que nuestros deseos no son muy fuertes, sino muy débiles. Somos criaturas indiferentes, jugando con el alcohol, el sexo y la ambición, cuando se nos está ofreciendo un gozo infinito, como un niño ignorante que quiere seguir haciendo bolas de barro en un barrio pobre, porque no se puede imaginar lo que significa la oferta de unas vacaciones en el mar. Nos complacemos muy fácilmente.[2]

Pidan, busquen, llamen, ¿para obtener qué?

Al final del Sermón del monte hay una invitación que Cristo une directamente a lo que cada padre en esa multitud entendería:

> Pidan, y se les dará; busquen, y encontrarán; llamen, y se les abrirá. Porque todo el que pide, recibe; el que busca, encuentra; y al que llama, se le abre. ¿Quién de ustedes,

> si su hijo le pide pan, le da una piedra? ¿O si le pide un pescado, le da una serpiente? Pues si ustedes, aun siendo malos, saben dar cosas buenas a sus hijos, ¡cuánto más su Padre que está en el cielo dará cosas buenas a los que le pidan! (Mateo 7.7–11)

Muchos comentaristas ven estos versículos como independientes, separados de todos los demás. Es lo que se llama *perícopa*. ¡No, no acabo de deletrear mal la palabra periscopio! El prefijo *peri* es del griego. Significa: «cerca de», «alrededor de» o «además de». El resto de la palabra, *copa*, es del griego *kope*, que significa: «un corte». Se pronuncia «per*í*-koppa». Una pe-rí-ko-ppa es una sección de un texto de un libro o de un documento. Ha sido «recortado» e identificado como una unidad literaria.[3] Lo importante de cada perícopa o sección es que se estudie en su totalidad. Así que si vemos estos cinco versículos, vemos que Cristo está reconociendo que tenemos grandes necesidades en la vida y solamente hay una manera en que estas pueden ser suplidas. La respuesta es clara: oración, oración, oración. Y no solamente un pedido débil e indiferente, sino una búsqueda de Dios que sea intencional, entregada e inflexible.

Pidan y se les *dará*, no te lo va a prestar o vender, te lo *dará*.

Busquen y *encontrarán*, no que tal vez vas a encontrar o espero que encuentres, pero *vas* a encontrar.

Llamen, y la puerta se les abrirá, no que quizá la puerta se te abrirá, o solamente se va abrir si hay alguien en la casa, sino que se te *va* a abrir.

Entonces sería razonable para alguien que está en la multitud oyente preguntar: ¿Cómo sabemos que esto es verdad? ¿En qué estás basando esto? Aquí es donde la analogía de nuestra relación con nuestro Padre celestial y la relación entre un padre y su hijo viene a relucir y es poderosa. Los ejemplos que Jesús elige, tal vez a primera vista no nos dicen mucho pero, para su audiencia, tendrían mucho significado. Mateo nos da dos y cuando Lucas relata la historia, añade otro más (Lucas 11.12).

En Mateo leemos: «¿Quién de ustedes, si su hijo le pide pan, le da una piedra? ¿O si le pide un pescado, le da una serpiente?» Lucas añade: «¿O si le pide un huevo, le dará un escorpión?» Estos son igualdades poco probables para nosotros, pero la audiencia de Jesús tenía una imagen clara de cómo se vería eso. Las piedras calizas pequeñas y redondas en la orilla el mar se parecían exactamente a los panes pequeños que una madre pondría en la lonchera de su hijo y en vez de darle el pan que él necesita, ¿se lo cambiaría por una piedra?

Lo siguiente pregunta es: ¿Qué padre le daría a su hijo una serpiente si le pide un pescado? Es muy probable que la serpiente de la cual se estaba hablando aquí fuera una anguila, la cual conforme a las leyes dietéticas de los judíos, era un animal impuro (Levítico 11.12). Cristo está diciendo: ¿Qué padre, cuando su hijo le pide un pescado, se va a burlar de él dándole un pescado, pero uno que no puede comer? ¿Qué crueldad sería esa?

Los que siguen son el huevo y el escorpión. Cuando un escorpión se dobla y está descansando, los que son pálidos se parecen exactamente a un huevo pero en realidad sería aterrorizador para un niño. La picadura de un escorpión es muy dolorosa y puede ser mortal. Jesús pregunta: ¿Qué padre miraría a un niño hambriento a los ojos y le daría algo que lo aterrorizaría y le haría daño?

Jesús está diciendo que si aquellos que somos parte de este mundo caído e incierto, no haríamos eso sino que correríamos a suplir las necesidades de nuestro hijo, ¿cuánto más Dios, que nos conoce y nos ama, correría a suplir nuestras necesidades? Pero no solamente eso. El amor que Dios tiene por nosotros está muy por encima de lo que pensamos que necesitamos, y sus respuestas salen de la profundidad de su misericordia y su sabiduría.

EL REGALO DE PEDIRLE A ALGUIEN QUE NOS CONOCE Y NOS AMA

Te has preguntado alguna vez: «Dios, ¿por qué no contestaste esa oración? Yo necesitaba oír de ti hoy en cuanto a eso. ¿No me escuchas? ¿No me amas?

William Barclay, en su comentario acerca del Evangelio de Mateo, nos habla de los griegos y de sus dioses, y de cómo ellos contestaban sus oraciones. Él cuenta la historia de Aurora, la diosa del amanecer, que se enamora de un hombre mortal llamado Tithonus. Cuando Aurora se da cuenta de que un día Tithonus iba a morir y ella no, le pide a Zeus, el rey de los dioses, un regalo para ese joven. Él acepta concederle un pedido, así que le pide que Tithonus pueda vivir para siempre. Lo que ella no pensó hacer fue pedir que él permaneciera siendo joven, así que él envejece, y envejece, y envejece, y no puede morir. El regalo se convierte en una maldición.

En contraste, como lo escribe Barclay: «Dios siempre va a contestar nuestras oraciones, pero las va a contestar a su manera, y la suya será a la manera de la sabiduría perfecta y del amor perfecto».[4]

No una, no dos, sino una y otra vez

En la estructura del lenguaje griego, hay dos clases de imperativos o mandatos. Uno es el *aoristo*, que significa un mandato de una sola vez como: «Lleva el perro a pasear». Entonces está el *imperativo presente*, el cual sería un mandato continuo, como: «Tú eres el que siempre llevas a los perros a pasear». Cuando leemos en Mateo 7.7–8: pidan, busquen, llamen, las tres palabras están escritas en imperativo presente, lo cual significa: nunca dejes de pedir, nunca dejes de buscar, nunca dejes de llamar.

Esa promesa es hermosa y poderosa, y nos llama a la acción. Dios es el que nos conoce y nos ama plenamente, así que venimos a nuestro Padre como niños entrañablemente amados, y pedimos, pedimos y seguimos pidiendo.

Dios, de la profundidad de su gracia y amor, nos da mucho más de lo que sabemos pedir.

Pregúntale a Zaqueo.

De marginado a un lugar de honor

Leemos la historia de Zaqueo en Lucas 19.1–10:

> Jesús llegó a Jericó y comenzó a cruzar la ciudad. Resulta que había allí un hombre llamado Zaqueo, jefe de los recaudadores de impuestos, que era muy rico. Estaba tratando de ver quién era Jesús, pero la multitud se lo impedía, pues era de baja estatura. Por eso se adelantó corriendo y se subió a un árbol para poder verlo, ya que Jesús iba a pasar por allí. Llegando al lugar, Jesús miró hacia arriba y le dijo: Zaqueo, baja en seguida. Tengo que quedarme hoy en tu casa. Así que se apresuró a bajar y, muy contento, recibió a Jesús en su casa. Al ver esto, todos empezaron a murmurar: «Ha ido a hospedarse con un pecador». Pero Zaqueo dijo resueltamente: Mira, Señor: Ahora mismo voy a dar a los pobres la mitad de mis bienes, y si en algo he defraudado a alguien, le devolveré cuatro veces la

> cantidad que sea. Hoy ha llegado la salvación a esta casa, le dijo Jesús, ya que éste también es hijo de Abraham. Porque el Hijo del hombre vino a buscar y a salvar lo que se había perdido.

Zaqueo era el «jefe de los recaudadores de impuestos», lo que significa que era el que tenía el rango más alto en el sistema romano de recaudación de impuestos, que el que tenía Mateo cuando Jesús lo llamó a ser discípulo. Es claro que él se había convertido en un hombre muy rico en esa región. Jericó era un centro de comercio muy significativo, ubicado a lo largo de una ruta comercial que conectaba a Jerusalén y sus áreas aledañas con las tierras orientales del Jordán. No se nos ha dicho nada acerca de la vida personal de Zaqueo, si es que estaba casado o tenía hijos, pero una cosa es clara: No era un hombre feliz. Tenía todo lo que a menudo se nos dice que nos haría felices, pero no era suficiente.

Pienso que este tiene que ser uno de los lugares más desilusionantes de la vida. Vivimos en una cultura que nos dice varias mentiras:

Si fueras más delgada, estarías más feliz.
Si estuvieras casada con otra persona, estarías más feliz.
Si tuvieras más dinero, estarías más feliz.

La lista continúa y continúa.

Así que, ¿qué sucede si eres una de las «ricas y famosas», y tienes todas las cosas que te habían dicho que te harían feliz, y no lo eres? Pienso que esa era la vida que tenía Zaqueo hasta que un día oyó que este hombre, Jesús, estaba pasando por Jericó.

Zaqueo se había determinado a averiguar de qué se trataba toda esa conmoción. Salió y, me imagino que ni sin darse cuenta, se convirtió en uno de los que estaban pidiendo, buscando y llamando. Corrió y se le adelantó a la multitud. Lo que nunca hubiese podido saber es que Dios lo estaba buscando a él también.

Cuando Jesús miró hacia arriba y llamó a Zaqueo por nombre, ¡me imagino que casi se cae del árbol! Entonces Jesús hizo algo que ningún otro judío había hecho: fue a la casa de Zaqueo. No hay nada más personal que eso. Ese encuentro cambió su vida para siempre. Me pregunto: ¿cuánto tiempo estuvo Zaqueo esperando para que alguien viera más allá de sus terribles decisiones, las cuales lo habían dejado solo y aislado con montones de dinero a su alrededor?

Muchísimo más

La vida de Zaqueo cambió. Les dio la mitad de sus bienes a los pobres, y si había defraudado a alguien, le devolvió cuatro veces la cantidad. La historia de la Iglesia nos dice que Zaqueo llegó a convertirse en el obispo de Cesarea. Él quería vislumbrar a Dios y se convirtió en su siervo honorable. Cuando persigues a Dios, solamente Él sabe en qué te convertirás. Zaqueo experimentó más de lo que hubiese pensado posible.

Cuando me pongo a pensar en esos dos niños al borde de sus camas maravillándose con la magia del menú del servicio de habitaciones y cuán radical fue para ellos poder ordenar una pizza entera cada uno, pienso que Dios nos mira y dice: Hija mía, no te complazcas con lo que solamente te puede alimentar por un momento. ¡Pide más! Hay muchísimas cosas más que quiero darte. Anhelas mi presencia y yo anhelo revelarme a ti si me lo pides. Buscas felicidad en lugares que solamente traen dolor y desilusión, pero si me buscas, seré encontrado y serás llenada. Llamas a mi puerta tímidamente preguntándote si es que tienes el derecho de estar allí, y yo te digo, llama a la puerta con todo lo que tienes dentro, y yo abriré las puertas del cielo completamente. Te conozco muy bien. Sé de las tormentas que te han abrumado y te llamo para que estés a mi lado. Yo soy tu refugio.

Escúchalo contestar tus oraciones:

Si pides, te contestaré.
Si buscas, encontrarás.
Si llamas, yo te abriré la puerta.

10

Hogar

Tengo un futuro

La promesa

En el hogar de mi Padre hay muchas viviendas; si no fuera así, ya se lo habría dicho a ustedes. Voy a prepararles un lugar.

—Juan 14.2

Nunca olvidaré el momento en que descubrí que estaba embarazada. Estaba conmocionada y abrumada con las emociones. Yo no era de esa clase de niñas que siempre anhelaban ser madres. Me gustaban los bebés de otras personas, pero pensar en cuidar a un ser humano tan frágil era atemorizante para mí. Pensaba que iba a ser más como una mamá de un gato o de un perro.

A los treinta y nueve años, ya me había conformado con la realidad de que lo más seguro era que nunca iba a ser madre de un niño por causas naturales. Barry y yo nos casamos ya mayores. Yo tenía treinta y siete y él treinta y dos. Habíamos hablado de que tal vez yo no iba a poder tener hijos y le dije que si él quería un hogar lleno de niños, iba a tener que encontrar un modelo más joven. Pareció haber decidido quedarse conmigo. Tratamos por unos cuantos meses y le di toda mi atención. Si en algún mes yo sentía que tenía siquiera unos veinte minutos de retraso, iba y me compraba una prueba de embarazo, pero el signo positivo nunca apareció. Decidí que no quería quedar atrincherada en ese ritual mensual de esperanza y desesperanza, así que puse el asunto en el estante posterior de mi mente.

En marzo de 1996, Barry y yo estábamos en Florida por unos cuantos días. Yo estaba haciendo un concierto en la iglesia del doctor D. James Kennedy en Coral Ridge, y decidimos tomar un receso de nuestros horarios normales que teníamos en California del Sur y solamente disfrutar un cambio de escenario.

Bueno, ya conoces el dicho: Cuando dejas de perseguir algo, a menudo es cuando llega sin previo aviso. Unas cuantas semanas después, me di cuenta de que estaba un poquito más cansada de lo usual, particularmente tras unas vacaciones cortas. Me sentí un poco mareada cuando desperté. Aun así no hice las cuentas. No fue hasta que un día, cuando estaba limpiado el gabinete del baño y vi que todavía tenía una prueba de embarazo que me había sobrado de la caja tamaño extra que compré en la tienda Costco. Casi la tiro a la basura, pero por capricho decidí hacerme la prueba de todas maneras. La agarré, la puse en la repisa de la ventana y me olvidé completamente de ella. (A todas aquellas que le tienen fobia a los gérmenes, ¡no les pido disculpas!)

Luego, esa tarde la vi y como estaba un poco horrorizada de que la había dejado allí, la recogí y la tiré en la basura. Ahora me acuerdo de ese momento como que hubiera sucedido en cámara lenta. Cuando la barra de prueba cayó en la basura, giró unas cuantas veces y algo me llamó la atención. Aterrizó con el lado del resultado bocabajo en el fondo de un basurero que estaba acabadito de limpiar.

¿Acabo de ver un signo positivo?

Sé que muchas de ustedes hubiesen agarrado esa cosa de inmediato y la hubiesen volteado, pero yo no lo hice. Me senté en el piso al lado de la canasta de basura y miré hacia adentro.

¿Cómo es que un pedazo de plástico tiene el potencial de cambiar mi mundo?

Mi mente retrocedió al pasado cuando mi hermana, Frances, estaba en el hospital Queen Mother en Glasgow, Escocia. Frances, que es dos años mayor que yo, acababa de dar a luz a su niño, David, y me preguntó si yo lo quería cargar.

—¿Y si se me cae? —le dije.

—Tú no lo vas a dejar caer —me respondió con una sonrisa.

—Acuérdate, Frances, ¡a mí se me caen las cosas!

—Entonces siéntate en la silla que Ian te lo trae —dijo.

Mi cuñado me puso a esa persona pequeñita envuelta como un burrito en mis brazos, y yo solamente me le quedé mirando.

«Hola pequeñín», dije. «Soy tu tía, pero no quiero que te preocupes por eso. Voy a practicar cargando cosas por la casa, como melones o el gato. Voy a hacer mejor en esto».

Él cerró los ojos y se durmió.

Pensé en su dulzura mientras estaba sentada allí al lado de la canasta de la basura. Tener mi propio bebé, estar embarazada, cambiaría todo en mi mundo. Saqué la barra de la basura y la puse en el piso, con los resultados aún bocabajo.

«Bueno, Señor, esto es lo que estoy pensando: Si es negativo, entonces es que no es parte de tu plan que yo sea mamá, y probablemente eso es algo bueno ya que sí dejé caer al melón y al gato. Por otro lado, si es positivo, estás de acuerdo con esto y me vas a ayudar, ¿verdad? Porque aunque creaste a los melones y a los gatos, puedes ayudarme a agarrar bien a un bebé por más de veinte minutos, ¿verdad?»

Y con eso, volteé la barra de prueba y allí estaba: ¡Positivo!

Lloré por un largo tiempo.

Luego bailé. Y entonces fui al cuarto de huéspedes donde guardábamos las decoraciones navideñas y los regalos de matrimonio, con los cuales no estaba segura qué hacer (pero no quería regalárselos a nadie en caso de que la tía Maude viniese a visitar), y pensé: *Ahora este va a ser tu hogar, pequeñín, ¿Te gusta el azul o el rosado?*

La promesa de un hogar verdadero

Para mí, a los treinta y nueve años con una inclinación a dejar caer las cosas, una cosa fue descubrir que iba a tener un bebé. Pero, ¿te imaginas cómo debió haber sido para María, la madre de Jesús? Su vida y su mundo abrieron una de las promesas más hermosas de Dios para nosotros, la promesa magna, podría decirse, y esa es la promesa de la eternidad con Él, porque Él es nuestro hogar.

La vida y el mundo de María abrieron una de las promesas más hermosas de Dios para nosotros, la promesa magna, podría decirse, y esa es la promesa de la eternidad con Él, porque Él es nuestro hogar.

La promesa de Jesús a nosotros antes de su ejecución —«Voy a prepararles un lugar» (Juan 14.2)—, tendría un significado poderoso y sin igual para María. La madre de Jesús no había podido preparar un lugar para ese pequeñín, la noche en que nació. Quizá se habrá preguntado si cualquiera cosa que ella pudiese haberle dado a Él hubiese sido suficiente.

> El nacimiento de Jesús, el Cristo, fue así: Su madre, María, estaba comprometida para casarse con José, pero antes de unirse a él, resultó que estaba encinta por obra del Espíritu Santo. (Mateo 1.18)

En el tiempo de María, las chicas eran prometidas o comprometidas a los doce o trece años de edad. No era un compromiso como el que conocemos que puede romperse en cualquier momento, sin consecuencias legales. No, era un enlace formal que solamente podía romperse con un decreto de divorcio y usualmente duraba un año, durante el cual no podían tener relaciones sexuales. Las reglas del Antiguo Testamento en cuanto a cualquiera inmoralidad que ocurría durante ese compromiso eran las siguientes:

> Si en una ciudad se encuentra casualmente un hombre con una joven virgen, ya comprometida para casarse, y se acuesta con ella, llevarán a ambos a la puerta de la ciudad y los apedrearán hasta matarlos; a la joven, por no gritar pidiendo ayuda a los de la ciudad, y al hombre, por deshonrar a la prometida de su prójimo. Así extirparás el mal que haya en medio de ti. (Deuteronomio 22.23–24)

¡Obviamente una no querría tener una voz tenue en esos días! Las reglas continuaron diciendo que si la ofensa se daba lugar en el campo, entonces solamente el hombre debería morir porque aunque la joven gritara, nadie la podría oír con excepción de las ovejas. Se pensaba que el periodo de compromiso era para cerciorarse de que la joven no había quedado embarazada de otro hombre.

¿Ves la magnitud de lo que estaba a punto de sucederle a María y cómo aquellos que la conocían lo verían? Esto nos demuestra mucho la clase de joven que era ella y la clase de hombre que era José, y considerar todo lo que ellos pasaron nos ayuda a aferrarnos a esta promesa de que el Mesías vino al hogar de ellos para así poder hacer un camino para que todos nosotros podamos encontrar el nuestro de regreso a nuestro hogar verdadero, el cielo, con Cristo, que es nuestro Refugio.

¿Cómo pudo acabar de esta manera?

Como todos sabemos el fin de la historia, empecemos aquí. María pudo haber sido pequeña, pero era fuerte. Todo dentro de sí misma quería caerse en el suelo seco que estaba absorbiendo su sangre como un animal voraz. Sin embargo, permaneció de pie y nunca dejó de mirarle a la cara y lo estaba mirando mientras estaba luchando para respirar. Cómo ella anhelaba tomarlo en sus brazos una vez más como lo había hecho cuando Él era solamente un niño pequeño corriendo alrededor del hogar con sus rodillas raspadas. Ella quería tocarle la cara y limpiarle la sangre que estaba formándose en costras en sus ojos bajo el calor inclemente. Le miró sus manos que ahora habían sido cruelmente clavadas a la madera y se acordó que Él había aprendido cómo se sentían la madera y los clavos por su papá, para unir y no para separar, para crear belleza y no para destruirla.

A un lado, los soldados echaban suertes para ver quién se llevaba la ropa que ella le había hecho. Ellos habían pensado en despedazarla y compartirla entre ellos, pero por alguna razón no lo hicieron.

«Padre, dijo Jesús, perdónalos, porque no saben lo que hacen» (Lucas 23.34).

Su voz estaba rasposa y seca, pero ella escuchó cada palabra. Aun en ese caldero de dolor, no lo habían cambiado. Le podían clavar sus muñecas a un madero, pero hicieran lo que le hicieran, no podían clavar las amarguras de ellos en su corazón. Ella se preguntó si ellos siquiera escucharon sus palabras: «porque no saben lo que hacen». Solamente eran seis palabras, pero la declaración mesurada habló volúmenes. Mientras que esas palabras se encaramaron en su alma frágil, ella pensó: *Si ellos supieran, ¿habría aun perdón?* Él habló nuevamente. Esta vez le estaba hablando a un hombre solamente, uno de los que estaban siendo ejecutados junto a Él.

«Te aseguro que hoy estarás conmigo en el paraíso» (Lucas 23.43).

El criminal que estaba siendo ejecutado junto a su hijo, no empezó con fe ese día. Él se había burlado y había gritado con todo el resto de ellos hasta el momento cuando escuchó esas primeras palabras: Perdónalos...

¡Perdónalos! Que esa clase de cosa todavía fuese posible en este lugar inaudito y barbárico era impresionante, imposible. Ella vio al hombre luchar y torcer su cuerpo para verle los ojos a su hijo, y él vio lo que ella sabía.

¡Aquí tienen al Cordero de Dios, que quita el pecado del mundo!

Durante estos últimos momentos en que estaba en esta tierra, esta alma desdichada encontró libertad. María se preguntó si la madre de este criminal estaba en alguna parte en medio de esa multitud. Él también fue un niño pequeño una vez. Se había sentado en las piernas de su madre y le había dicho todas las cosas que iba a ser cuando fuese grande. Este final barbárico nunca fue parte de ese sueño. ¿Habrá estado viendo su madre a través de los años cómo sus sueños se estaban convirtiendo en pesadillas? María tenía la esperanza de que si su madre estaba allí, que pudiera ser testigo de ese intercambio de muerte y desesperación, por vida y libertad.

Jesús habló nuevamente y esta vez fue a ella: «Mujer, ahí tienes a tu hijo».

Luego le dijo a Juan, su amigo querido: «Ahí tienes a tu madre» (Juan 19.26–27).

Mientras Jesús le ponía toda su atención a ella, miró profundamente a su alma. Soportar el amor en esa mirada fue casi más doloroso que ver su cuerpo maltratado tratando de conseguir aire. Él no la llamó «madre», la llamó «mujer». Él la llamó así antes en la boda de Caná, pero ella sabía que esta vez era un adiós. ¿Cómo podía el corazón de una mujer contener tanto dolor sin hacerse pedazos? Por primera vez, ella estaba contenta de que José ya no estuviese en esta tierra. Ver a su hijo abatido y magullado hubiera sido más de lo que él hubiese podido soportar. Solamente los corazones de las mujeres han sido hechos para esas cosas. Ella sintió el calor del brazo de Juan sobre sus hombros. Cómo amaba a ese jovencito. Ella sabía por qué era que Jesús se sentía de esa manera con él, el amor tierno, el cuidado, la devoción. Juan iba a cuidar de ella ahora, y ella iba a dejar que él pusiera su cabeza sobre su pecho y llorara.

Jesús habló otra vez: «Tengo sed» (Juan 19.28).

¡Qué ironía más amarga! Ella se acordó de la invitación que Él había hecho, la cual causó estragos en el templo ese día: «¡Si alguno tiene sed, que venga a mí y beba!» (Juan 7.37).

Esa invitación había dividido a la multitud. Unos trataron de arrestarlo y otros pensaban que había venido a rescatarlos pero muy pocos, si acaso, entendieron su oferta.

Ella miró mientras uno de los soldados sumergía una esponja en el vinagre y la sostuvo cerca de sus labios. El viento hizo que el olor punzante del vinagre le llegara a María y en un momento ella estaba de regreso a ese día en Caná cuando todo empezó. Él la llamó «mujer» ese día también. Su mirada había penetrado los lugares de su corazón que estaban ponderando cuando Él le preguntó: «¿Eso qué tiene que ver conmigo?» Ese día le dijo que todavía no había llegado su hora. María estaba agonizando porque pensaba que tal vez ella había apresurado a su hijo al matadero. Él habló por última vez, cuatro palabras: «Todo se ha cumplido» (Juan 19.30).

Cuando inclinó la cabeza, María supo que se había ido. Pero la forma en que la inclinó fue muy deliberada. No fue como que si alguien hubiese sido vencido en cuerpo y en espíritu, sino como alguien que había completado una tarea imposible y estaba recostando su cabeza después de un largo, largo, día. Fue una declaración silenciosa de victoria.

Mientras José de Arimatea y Nicodemo bajaron el cuerpo de Jesús y lo pusieron en una sábana blanca y limpia, ¿habrá pensado María en la noche en que nació y lo envolvieron bien para mantenerlo abrigado?

La menos importante

María era una mujer judía de la tribu de Judá y estaba comprometida con José, que era carpintero en Nazaret. A los judíos de Galilea y especialmente a los de Nazaret, se les miraba como que no eran judíos legítimos ya que tenían allí una población mixta de judíos y gentiles. (¿Te acuerdas cuando Natanael dijo: ¿Acaso de Nazaret puede salir algo bueno?) Es evidente que María y José provenían de familias pobres. Sabemos esto porque después de que Jesús nació, el sacrificio que llevaron al templo fueron dos tórtolas o dos pichones de paloma, y no un cordero (Levítico 12.8). Esa era una provisión hecha para los más pobres de los pobres. Dios no solamente escogió a una muchacha muy joven de un lugar que no era bien aceptado por otros judíos, sino también de una familia muy humilde. Si a veces te sientes como que no eres igual a aquellos a tu alrededor que vienen de familias bien educadas o adineradas, recuerda la clase de familia en la cual Dios escogió poner a su hijo.

Muchas veces, cuando estoy en el escenario parada en frente de un auditorio totalmente lleno, mirándoles los rostros a miles de mujeres, vuelvo a pensar en la noche del baile cuando estaba cursando el octavo grado en mi escuela. Estaba tan emocionada con esa noche que quería el vestido perfecto. La moda ese año eran los vestidos cortos y rectos, pero antes de que pudiera hablarle a mi mamá sobre eso, ella me dijo que tenía mi vestido. Una familia de la iglesia me lo había regalado y me dijo que estaba arriba, sobre mi cama.

Nunca olvidaré cuánto tiempo me tomó subir las escaleras, orando para que por primera vez tuviese el vestido correcto. Era muy difícil para mamá criar a tres niños sola después que papá falleció, eso significaba que la mayoría de las veces, yo tenía que usar ropa de segunda mano. Abrí la puerta de mi cuarto y allí, sobre mi cama, estaba el vestido incorrecto. Era de color azul pálido, amplio, y con volantes. Me senté en el piso y lloré. Yo sabía cuán importante era para mi madre haberme provisto un vestido y no le iba a enseñar mis lágrimas. Así que en la noche del baile, me puse mi vestido con una sonrisa grande y caminé dos bloques hacia la escuela.

Al acercarme, podía ver a todas mis amigas llegando con sus vestidos correctos, así que me quedé en el prado que estaba al lado de la escuela. No podía entrar, pero no podía dejar que mamá lo supiera, así que me quedé allí hasta que el baile se terminó y regresé a casa. Yo era la niña tímida de nuestra familia. Era la que no podía viajar en el auto por más de dos kilómetros sin vomitar. Soy a quien menos le pedirían que llevara el Cordero de Dios a través de toda la nación y que me parara en frente de grandes multitudes, pero Dios escogió poner su vida en brazos poco seguros.

Así debió haberse sentido María, pero ¿cuánto más?

> El ángel se acercó a ella y le dijo: ¡Te saludo, tú que has recibido el favor de Dios! El Señor está contigo. Ante estas palabras, María se perturbó, y se preguntaba qué podría significar este saludo. No tengas miedo, María; Dios te ha concedido su favor, le dijo el ángel. Quedarás encinta y darás a luz un hijo, y le pondrás por nombre Jesús. (Lucas 1.28–31)

No se relata que otra persona estuviera con María cuando el ángel la saludó. Pienso que hubiera sido más fácil para ella si Gabriel se le hubiese presentado mientras estaba comiendo con su familia. Entonces hubiese tenido testigos de ese evento sin precedentes. Pero eso no fue lo que sucedió. María iba a tener que llevar esa responsabilidad sagrada sola, por un tiempo. (Después vamos a ver la gracia de Dios cuando le envió un ángel a José también.) Para mí, lo asombroso es que María no cuestionó cómo le iba a afectar el embarazo, solo cómo iba a ser posible viendo que todavía era virgen. Dios nunca se aflige por nuestras preguntas sinceras, solamente le aflige nuestra incredulidad.

Dios nunca se aflige por nuestras preguntas sinceras, solamente le aflige nuestra incredulidad.

Quizá recuerdes que antes de que el ángel visitara a María, visitó a Zacarías. El ángel dijo: «No tengas miedo, Zacarías, pues ha sido escuchada tu oración. Tu esposa Elisabet te dará un hijo, y le pondrás por nombre Juan» (Lucas 1.13). Zacarías no creyó que eso pudiese suceder y quedó mudo hasta el día en que Juan nació. Pero María creyó que ella podría tener al Hijo de Dios, solo quería saber cómo lo iba a hacer Dios.

Cuando se le informó que iba a concebir del Espíritu Santo, ella dijo estas palabras: «Aquí tienes a la sierva del Señor. Que él haga conmigo como me has dicho» (Lucas 1.38).

Aquí tenemos a una adolescente joven y pobre dándole la bienvenida a la voluntad de Dios, sabiendo que le iba a costar. Ella le iba a tener que decir a sus padres y a su prometido, sabiendo que por ley José podía deshonrarla públicamente y entonces ella nunca más podría encontrar un esposo. Hasta podía ser apedreada a muerte. María le dice a José primero, que obviamente está devastado pero no quiere herir a María más de lo que tiene que hacerlo, así que decide divorciarse de ella en secreto. Dios en su misericordia, le envía un ángel a José para informarle que María está diciendo la verdad. En su saludo, el ángel le recuerda a José su propio linaje real como hijo de David: «José, hijo de David, no temas recibir a María por esposa, porque ella ha concebido por obra del Espíritu Santo. Dará a luz un hijo, y le pondrás por nombre Jesús, porque él salvará a su pueblo de sus pecados» (Mateo 1.20–21).

A través de los ojos de una madre

¿Qué debió haber pensado María al ver a Jesús crecer y convertirse en hombre? ¿Cuántas cosas se habrá preguntado acerca de Él mientras lo vio hacer milagros y maravillas al principio de su ministerio? Ese pequeñín, a quien le dieron la bienvenida a su humilde hogar, se había convertido en un hombre que estaba redefiniendo lo que es un hogar, quién es familia y cómo puede verse nuestro futuro.

Ese primer milagro, por ejemplo, en la boda de un amigo. María vio a Jesús tomar algo ordinario y hacerlo excepcional. A José no se le menciona en este evento. La mayoría de los comentaristas concuerdan en que José había fallecido y que María estaba sola en esa boda con Jesús y los cinco discípulos que este había llamado hasta ese punto. A los padres, que lo más probable eran amigos de María, se les había acabado el vino. Las celebraciones de las bodas en esa cultura duraban siete días y era algo terrible cuando se les acababa la comida o el vino. Los padres podían ser multados si se les acaban los recursos. Así que María le informó a Jesús sobre el asunto y miró qué era lo que Él iba a hacer.

La respuesta de Cristo pareció severa. Los traductores suavizaron un poco estas palabras en el griego para que se leyera: «Querida mujer, ¿por qué me involucras en este asunto?» La traducción literal de Juan 2.4 es: «Mujer, ¿qué conmigo y qué contigo?» Cristo le hizo saber claramente ese día que ahora Él estaba estrictamente bajo la agenda de su Padre. ¿Habrá pensado ella: pero así no es como hacemos las cosas en nuestro hogar?

María les dijo a los sirvientes que hicieran lo que Él les ordenara y no volvió a decir más nada. Al observar ese día, ella supo que había empezado. El vino en la boda fue algo pequeño, pero había empezado. Entonces vinieron los milagros de sanidad y de la alimentación de multitudes enormes, al ir creciendo su popularidad. Pero ella sabía que había un cambio en el viento, que la marea estaba cambiando, cuando los líderes religiosos judíos empezaron a ponerse en contra de Cristo. Cuando era pequeño, ella podía usar las cuatro paredes para protegerlo, pero ya no.

¿Vio Dios lo que estaba sucediendo?

¿Se echó todo a perder?

Mientras María estaba mirando a Jesús agonizando en la cruz, debió haberle parecido como que esa marea cambió muy rápidamente. ¿Había entendido María que eso era parte del plan o creyó que las tinieblas habían apagado la luz? Las palabras que le dijo Jesús al ladrón en la cruz le ofrecieron una vida más allá de esta. Pero ¿cuándo, adónde? Me pregunto si María se acordó de la respuesta que ella le dio a Gabriel ese día: «Aquí tienes a la sierva del Señor», contestó. «Que él haga conmigo como me has dicho».

Que él haga conmigo como me has dicho.

Qué palabras más grandes. Qué idea más grande. ¿Quiso María retraerlas? ¿No crees que ella habrá cuestionado el plan de Dios, si es que siquiera Él tenía el control? ¿No hemos estado todos en esa situación en algunos tiempos? ¿Alguna madre podría decir esto al ver a su hijo torturado y asesinado?

Al estar parada al pie de la cruz cuando estaban clavando brutalmente por encima de la cabeza de Jesús un letrero: Jesús de Nazaret, Rey de los judíos, María se habrá acordado de los regalos que habían traído esos hombres nobles del oriente. Había oro e incienso, regalos apropiados para un rey. El tercer regalo, la mirra, ahora cobraba sentido. La mirra era una hierba usada para embalsamar a los muertos. Mientras María miraba el cuerpo de su hijo sin vida y ensangrentado, se habrá preguntado: *¿Es esto todo? ¿Ya todo acabó? ¿Qué es lo que no entendí?*

El dolor de la desilusión

Guardé esta promesa: «Voy a prepararles un lugar», hasta el último capítulo por un par de razones. Hay algunas cosas en esta vida que no tienen respuesta de este lado de la eternidad. Aun algunas de las promesas de Cristo no siempre son lógicas en cuanto a las cosas que estamos experimentando. Muchos momentos en la vida se sienten incumplidos. Pregúntale a cualquier padre o madre que haya enterrado a un hijo, o a alguien que haya visto a un ser querido sufrir grandemente y morir. Pregúntales si les parece que ha salido algún bien de eso.

Ahora, no estoy diciendo ni por un segundo que las promesas de Dios no son cien por ciento fidedignas. Estas son el refugio inexpugnable de su bondad. Lo que estoy diciendo es que algunas preguntas únicamente podrán ser contestadas cuando lleguemos a nuestro hogar. Algunas heridas son difíciles de sanar en este lado de la eternidad.

Algunas preguntas únicamente podrán ser contestadas cuando lleguemos a nuestro hogar. Algunas heridas son difíciles de sanar en este lado de la eternidad.

Pienso en Todd y Angie Smith y la historia que esta expresa en su libro: *I Will Carry You* [Te voy a cargar]. Tal vez conoces a Todd como uno de los vocalistas del grupo Selah. Cuando Angie fue a hacerse un ultrasonido en su veinteava semana de embarazo, le dijeron que el bebé que carga dentro no sobreviviría fuera del vientre.[1]

Cualquiera de ustedes que haya perdido un hijo conoce el dolor y la intensidad de la aflicción que nadie más conoce, y es solamente cuando finalmente estés en la presencia de Cristo y reunida con ese pequeñín, que la herida abierta en tu alma será restaurada y sanada. No obstante, he observado con silenciosa admiración mientras mujeres como Angie y otras que han aprendido a caminar con esa herida de una manera que glorifica a Cristo.

Ya venga la prueba o me tiente Satán,
No amenguan mi fe ni mi amor;
Pues Cristo comprende mis luchas, mi afán
Y su sangre vertió en mi favor.[2]

¿Eres el que es?

¿Has estado así alguna vez? ¿Alguna vez te has encontrado en un lugar tan lleno de dolor y, sin embargo, por el compromiso que tienes con Jesús, das el siguiente paso y el siguiente, porque Él es digno? Tú y yo vivimos en la era posterior a la crucifixión y a la resurrección, así que por fe, hasta las noches más oscuras tienen la promesa de un hogar. Pero y ¿qué de aquellos que caminaron a través de pesadillas antes de que esa mañana de resurrección cambiara todo? ¿Qué si fueras tú la que fue enviada a preparar el camino para el Mesías, pero Él no era el que tú suponías o esperabas?

Pienso en la frase que se hizo famosa de la película *Campo de sueños*: «Si lo construyes, vendrán». En ese contexto, era un campo de béisbol que estaba siendo construido con la garantía de que si se completaba, los jugadores iban a aparecer. Pero ¿qué si hubieses pasado toda tu vida preparando el camino para Cristo, el Mesías, en el que cada promesa sería cumplida, y cuando Él llega, todo acerca de Él te parece tan impropio como un jugador de fútbol en un diamante de béisbol? Nadie hubiese podido preparar el camino mejor ni con más pasión que Juan el Bautista, pero cuando Cristo, el Refugio de todas las promesas de Dios, apareció, Juan fue estremecido hasta el fondo de su alma.

Hay pocas historias en el Nuevo Testamento que me conmueven tanto como la de Juan el Bautista. Siento una empatía profunda por la clase de hombre que era. Aunque soy una persona muy «pública», también soy un poco solitaria si me dan la más mínima oportunidad. Tal vez esa es la parte de la vida de Juan con la cual siento gran afinidad, pero la que más me conmueve es la forma en que murió Juan. No me estoy refiriendo a su ejecución, la cual sabemos fue un acontecimiento cruel y brutal, sino a lo que estaba sucediendo dentro de la mente y el corazón de Juan, justo antes de morir.

Juan fue un niño de la selva y del desierto. Él estaba acostumbrado a los espacios muy abiertos y ahora estaba confinado a la celda de un calabozo en el castillo de Maqueronte, construido por Herodes el Grande. Había pasado toda su vida preparándose para el momento en que diría: «Enderecen el camino del Señor» (Juan 1.23), pero ahora estaba en la celda de un calabozo, con su vida aparentemente en las manos de Herodes, y todavía el reino prometido no había venido. El profeta Isaías habló sobre el Rey que iba a venir a liberar a su pueblo: «Miren, el Señor omnipotente llega con poder, y con su brazo gobierna. Su galardón lo acompaña; su recompensa lo precede» (Isaías 40.10).

Hasta donde Juan podía ver, ningún reino había venido, y él estaba en esa prisión. ¿Dónde estaban la prometida liberación y la victoria? No me puedo imaginar la desilusión, la confusión y la desesperación que Juan estaba sintiendo. Para él, Jesús no se veía como el Mesías. Mientras las dudas empezaron a plagar su mente, se preguntaba si es que había malentendido todo. ¿Qué si había entregado su vida a preparar el camino para el Mesías y había identificado a la persona incorrecta? Así que le pidió a dos de sus discípulos que encontraran a Jesús y le hicieran esta pregunta: «¿Eres tú el que ha de venir, o debemos esperar a otro?»

¿Qué le habrá hecho esto al corazón de Jesús? Cómo hubiese querido decirle a Juan el Bautista lo que iba a suceder. Él debió haber anhelado liberar a Juan para que pudiese estar allí y fuese testigo de la resurrección, pero eso no estaba en el plan de Dios. Así que Jesús le envió un mensaje a Juan con una declaración extraña al final. Les dijo que le informaran a Juan que: «Los ciegos ven, los cojos andan, los que tienen lepra son sanados, los sordos oyen, los muertos resucitan y a los pobres se les anuncian las buenas nuevas. Dichoso el que no tropieza por causa mía» (Lucas 7.22–23).

En la primera parte de la declaración, Jesús está citando a Isaías 61, pero no citó la última parte del texto: «a proclamar liberación a los cautivos y libertad a los prisioneros» (Isaías 61.1). No iba a haber liberación para Juan de la prisión. En esencia, Jesús está diciendo: *No voy a ir por ti Juan. Otros van a probar la libertad que voy a traer, pero no tú, no hoy.* En vez de eso, Jesús dice: «Dichoso el que no tropieza por causa mía».

¿Cómo habrá impresionado a Juan ese mensaje? ¿Habrá sido como sal de roca frotada sobre una herida abierta? *Estoy haciendo lo que se supone que haga el Mesías, Juan, pero no para ti. Pasaste toda tu vida preparando el escenario para mí, pero te estoy apagando la luz. Y solamente tengo una pregunta para ti, Juan: ¿Todavía me amas?*

No puedo leer la historia de esta última fase de la vida de Juan sin llorar. Él vivió su vida entera sin ninguna clase de lujo o gratificación, y tuvo que poner su cabeza sobre un bloque con solamente un compañero, el verdugo, sin ver cómo es que el camino hacia el hogar iba a ser por medio de Cristo.

La declaración de Cristo a Juan el Bautista da por sentada una pregunta que cada uno de nosotros va a tener que responder en cierto punto de nuestras vidas: ¿Amarás y servirás a un Dios que no siempre vas a entender? Ahora para mí es claro como el cristal que hay momentos en esta vida, sufrimientos que no tendrán sentido en este lado de la eternidad.

La declaración de Cristo a Juan el Bautista da por sentada una pregunta que cada uno de nosotros va a tener que responder en cierto punto de nuestras vidas: ¿Amarás y servirás a un Dios que no siempre vas a entender?

Como dijera C.G. Moore:

> No conozco horas más duras que pongan a prueba la fe, que esas en las cuales Jesús multiplica las evidencias de su poder y no lo usa. Se necesita mucha gracia cuando los mensajeros regresan diciendo: «Sí, Él tiene todo el poder y es todo lo que has pensado sobre Él, pero no dijo nada acerca de sacarte de la prisión».[3]

Esa es la misericordia severa para muchos creyentes que saben que Dios podría intervenir, pero por razones que solamente Él conoce, no lo hace.

Nuestra promesa, nuestra esperanza, nuestro hogar

Pablo expresó esta realidad y este desafío tan magníficamente cuando dijo en su primera carta a la iglesia de Corinto: «Ahora vemos de manera indirecta y velada, como en un espejo; pero entonces veremos cara a cara. Ahora conozco de manera imperfecta, pero entonces conoceré tal y como soy conocido».

Así que te pregunto con el más profundo respeto al dolor por el cual has caminado, ¿dónde está el calabozo en tu vida? ¿Has llorado y le has enviado mensajes a Jesús pidiéndole que haga llegar un poco de luz a tus noches oscuras? Quizá como Juan, lo ves haciendo cosas maravillosas para otras personas, pero nadie ha venido a rescatarte. Puedes escucharle preguntándote como se lo hizo a Juan: *¿Todavía me amas? ¿Meterías tu vida en la hendidura de la roca y dejarías que yo fuese tu refugio allí? El viento todavía va a aullar y la noche todavía va a estar oscura, pero nunca jamás te dejaré. Esta es mi promesa para ti y hasta que llegues al hogar, yo seré tu hogar. Yo seré tu Refugio.*

Somos una gente que no vive para este mundo. Este no es nuestro hogar. Pero hasta que finalmente veamos a Jesús cara a cara, Él prometió que fue a preparar un lugar para nosotros. Lo que Juan no podía ver cuando estaba poniendo su cabeza sobre el bloque del verdugo, fue que el Refugio está casi completo.

Cristo, el Refugio de las promesas de Dios

Cuando empecé a pensar y a orar por este libro, tenía un objetivo que sirvió como plomada mientras escribía: *¿Cuáles son las promesas de Cristo a las cuales podemos aferrar nuestras vidas en los mejores y en los peores días?*

Claramente, hay más promesas de las que he incluido en este libro. Existen más de tres mil promesas desde la primera página del libro de Génesis, hasta las últimas palabras de revelación a Juan en la isla de Patmos. Pero escogí las que vi, casi como los cimientos de un refugio, aquellas que aguantarían mucho peso y sobrevivirían las peores tormentas.

¿Cuáles son las promesas de Cristo a las cuales podemos aferrar nuestras vidas en los mejores y en los peores días?

Al trabajar a través del material, leí y releí los capítulos, y empecé a ver emerger una imagen que ni había considerado inicialmente. Cuando la niebla de los plazos y ajetreos empezaron a aclararse, vi algo que fue impresionantemente hermoso para mí. Vi no solo que todas las promesas de Dios son cumplidas en Cristo para ofrecernos un refugio, sino que Él *es* el Refugio. Él *es* la Hendidura en la roca. La promesa de Cristo para nosotros no es que nos va a dar refugio, sino que va a ser nuestro Refugio.

El Refugio está completo

Empezó una noche cuando una muchacha joven, muy lejos de su hogar, dio a luz en un lugar que ofreció muy poco del refugio que una madre querría para su bebé recién nacido. El dosel esa noche fue mandado del cielo mientras los ángeles cantaban: «Gloria a Dios en las alturas, y en la tierra paz a los que gozan de su buena voluntad» (Lucas 2.14). Cuando

Cristo maduró como hombre y empezó su ministerio, su vida fue un despliegue divino de la voluntad de Dios, pero nadie lo entendió. Nadie vio lo que Él estaba construyendo porque esa es la naturaleza humana; nosotros vemos lo que queremos y a menudo nos perdemos el regalo más grande de todos.

Algunos lo vieron como un guerrero porque querían venganza contra aquellos que los habían oprimido por tanto tiempo. Algunos lo vieron solamente como alguien que hacía milagros porque querían que la vida se les arreglara, que cobrara sentido, y lo querían ahora. Algunos lo vieron como un hombre que decía la verdad, en un mundo que dice verdades a medias, pero pocos reconocieron que Él es la Verdad. Con cada acto de amor y bondad, cada palabra de reprensión que cortaba a través de la tela religiosa, Jesús estaba fijando el cimiento que daría camino a una declaración radical que cambiaría al mundo para siempre. Cuando la última gota de sangre cayó en la tierra desde la cruz y Cristo gritó: «Todo se ha cumplido», el Refugio se completó. Quizás aquellos que oyeron pensaron que esas palabras marcaron el final. ¿Cómo pudieron saber que esas palabras eran el principio de nuestra libertad, nuestra emancipación? ¡El Refugio está completo!

Un día nos uniremos a Juan el Bautista y adoraremos ante los pies de Cristo. Todd y Angie Smith estarán allí con sus cuatro hijas; tú vas a estar allí y también yo, con cada hombre, mujer y niño que haya puesto su confianza y su fe en Jesucristo.

Hay muchas cosas en esta vida que no sé, pero lo que sí sé es esto: Cuando finalmente veamos a Jesús, todo va a valer la pena. Van a haber muchas madres en la multitud, pero espero poder verle la cara a María. La dejamos al pie de la cruz, pero ahí no es donde se quedó.

Cuando finalmente veamos a Jesús, todo va a valer la pena.

No, ella estaba, aun en el final, buscando a su Jesús. Me pregunto quién le dijo primero que Jesús estaba vivo. ¿Habrá sido Juan? Me lo imagino corriendo lo más rápido posible (¡y él siempre se aseguraba de hacer claro en su evangelio que era más veloz que Pedro!) y poniéndole los brazos alrededor de sus hombros frágiles, diciéndole: «¡Jesús está vivo!»

Al limpiarse las lágrimas de las mejillas, ella sabía que iba a ver a su hijo otra vez, pero esta vez Él iba a ser su Salvador. Esta vez iba a ser el que le limpiaría las lágrimas de sus ojos.

Y qué ojos más hermosos nos enseña María, porque esos ojos habían visto al Señor.

Él es nuestra esperanza.

Él es nuestro hogar.

Esta es la promesa de Cristo: Mantener nuestros corazones fijos en el hogar con Él, con Dios, con el Espíritu Santo. Él fue a preparar un lugar para nosotros y dejó atrás losas en las que nos podemos parar, un camino para llegar allí. No es simplemente que fue a preparar un lugar para nosotros, sino que su muerte y resurrección han hecho posible que podamos estar allí con Él para siempre. Ese es el glorioso regalo del evangelio. No solo eso, Cristo ha prometido que va a regresar y nos va a llevar con Él a su hogar para siempre.

Así que hasta que lo veamos cara a cara, espero que encuentres refugio en sus gloriosas promesas.

NOTAS

Capítulo 1: Promesas, promesas / *Necesito algo a qué aferrarme*

1. Matthew Henry, *Comentario de la Biblia Matthew Henry en un tomo*, originalmente escrito desde 1706 hasta 1721, dominio público, exégesis de y comentario sobre Éxodo 33.12–23.
2. "Exposition of the Bible" de John Gill, en BibleStudyTools.com, sobre 2 Corintios 1.20. Gill (1697–1771) predicó en la misma iglesia que Charles Spurgeon, cien años antes. Sus trabajos son de dominio público, accesibles en línea en el sitio web (http://www.biblestudytools.com/commentaries/gills-exposition-of-the-bible/).

Capítulo 2: Provisión / *No tengo suficiente*

1. Neal Jeffrey, *If I Can, Y–Y–You Can!* (Samson, Dallas, TX, 2009), p. 107.
2. Dr. Ralph F. Wilson, "Thanksgiving and the Pilgrims: Don't Ask the Blessing, Offer One", artículo en el sitio web de Joyful Heart Renewal Ministries (http://www.joyfulheart.com/thanksgiving/offer-blessing.htm).

Capítulo 3: Paz / *Tengo miedo y me siento sola*

1. Letra y música de Bob Bennett, «Man of the Tombs» © 1989 Matters of the Heart Music (ASCAP), www.bobbennett.com. Usada con el permiso de la editorial y del autor.
2. Ibid.
3. Ibid.

Capítulo 4: Confianza / *No puedo ver el plan de Dios en este dolor*

1. A. W. Tozer, *We Travel an Appointed Way*,(Camp Hill, PA; Christian Publications, 1988), p. 3.
2. Sarah Young, *Jesús te llama* (Nashville: Grupo Nelson, 2010), p. 134.
3. Robert J. Morgan, *The Promise* (Nashville: B&H, 2008), p. 91.
4. Edwin y Lillian Harvey y E. Hey, *They Knew Their God* (Harvey and Tait, 1980; Old Tract Path Society, 1996), vol. 1, acerca de Samuel Logan Brengle (1860–1936), «Soldier and Servant».

Capítulo 5: Amor / *No creo que alguien pueda amarme en realidad*

1. Hay una referencia a «hija» en Lucas 23.28, cuando Jesús se voltea hacia una multitud de mujeres adoloridas que lo siguen por la Vía Dolorosa, donde lo iban a crucificar, y dice: «Hijas de Jerusalén, no lloren por mí; lloren más bien por ustedes y por sus hijos». Pero la mujer que tenía hemorragias, es la única que se nos ha dicho que Jesús miró directamente a la cara y la llamó «hija».

Capítulo 6: Gracia / *He fracasado*

1. De acuerdo con el sitio web Marriage 101, la tasa de divorcios en Estados Unidos para un primer matrimonio es de cuarenta y un por ciento; para un segundo matrimonio es de sesenta por ciento. "Divorce Rates in America", http://marriage101.org/divorce-rates-in-america/.
2. Raymond E. Marley, "Is it the Home of Peter? Miraculous Discoveries in the 'City of Miracles'", *Jerusalem Christian Review*, edición en línea, no. 1; disponible en el http://www.leaderu.com/theology/isithome.html.

Capítulo 7: Esperanza / *Estoy hecha pedazos*

1. Randy Elrod, como fue citado en su blog 15 junio 2010 (www.randyelrod.com), en un mensaje titulado: "The Lie about Sexual Inequality".
2. Helen Roseveare, *Give Me This Mountain* (Gleanies House, Fearn, Ross-shire, Scotland: Christian Focus, 2006, 1966), p. 86.
3. Tonya Stoneman, "Can You Thank Me for This?", en el sitio web de www.suffering.net/thank.htm.
4. William MacDonald, *The Believer's Bible Commentary* (Nashville: Thomas Nelson, 1995), comentario sobre Lucas 7.37–38, p. 1395.

Capítulo 8: Fortaleza / *Siento que lo que me rodea está derrumbándose*

1. Joni Eareckson Tada, "Joy Hard Won", *Decision*, marzo 2000, p. 12.
2. John Keats, carta a Benjamin Bailey, 25 mayo 1918, disponible en http://english-history.net/keats/letters/bailey2125May1818.html.

Capítulo 9: Más / *Sé que hay algo mejor*

1. *The New Bible Dictionary* (Leicester, Inglaterra: IVP, 1962), s.v. "blessed".
2. C. S. Lewis, *The Weight of Glory* (Nueva York: HarperCollins, 2001), p. 26.
3. *The Word Biblical Commentary* identifica este versículo como perícopa, como también lo hace *The Expositors Bible Commentary*.
4. William Barclay, *The Gospel of St. Matthew* (Louisville, KY: Westminster John Knox Press, rev. ed. 1975), vol. 1, p. 271.

Capítulo 10: Hogar / *Tengo un futuro*

1. Angie Smith, *I Will Carry You: The Sacred Dance of Grief and Joy* (Nashville: B&H, 2010).
2. "Alcancé salvación", letra original de Horatio G. Spafford, traducción de Pedro Grado. Dominio público.
3. C. G. Moore, citado por W. H. Griffith Thomas, *Outline Studies in the Book of Luke* (Grand Rapids: Kregel, 1998), p. 129.

Estudio bíblico

Capítulo 1: Promesas, promesas

Descubre

Lee 2 Corintios 1.20 y Éxodo 33; luego contesta las siguientes preguntas:

1. ¿Cómo ves que las promesas de Dios han sido cumplidas en la persona de Cristo?
2. Moisés quería saber que su identidad estaba en Dios y no en sí mismo (Éxodo 33.15–16). ¿Cómo sabes que tu identidad está en Cristo?
3. Aunque el pueblo de Dios fue desleal, Él estaba dispuesto a tener compasión con ellos (v. 19). ¿Por qué?
4. ¿Cómo proveyó Dios refugio para los israelitas? ¿En qué manera es Él tu refugio?

Cree

5. Todos tenemos diferentes historias que contar y muchos abordamos la idea de las promesas de Dios desde perspectivas únicas.

Así que, ¿Qué te viene a la mente cuando piensas en las promesas de Dios?

6. En Éxodo 33, Moisés le suplica a Dios que se acuerde de sus promesas. ¿Cuáles eran esas promesas y cómo se acordó Dios de ellas? (Página 9).
7. Se nos promete que Dios nos guarda en su mano. ¿Te sientes «guardada en Cristo»? ¿Cuándo es que más sientes eso (p.ej.: Durante tiempos de crisis, cuando pasas tiempo con su Palabra, etcétera)?
8. ¿Por qué va a querer Dios cumplir sus promesas si nosotros cometemos tantos errores, tan a menudo?

Vive

9. Puesto que vivimos en un mundo donde nos hacen muchas promesas que nunca se van a cumplir, ¿se te hace difícil entender que las promesas de Dios nunca van a ser incumplidas? ¿Por qué?
10. «Las promesas de Dios no son acerca de nosotros, sino acerca de Él» (página 13). Explica, en tus propias palabras lo que esto significa. ¿Lo has experimentado personalmente?
11. ¿Cómo te puedes volver a enfocar en las promesas de Dios cuando la vida te ha dado desvíos dificultosos, como la pérdida de un ser querido, una enfermedad u otros periodos de tristeza?

Memoriza esta semana: «Todas las promesas que ha hecho Dios son "sí" en Cristo. Así que por medio de Cristo respondemos "amén" para la gloria de Dios» (2 Corintios 1.20).

Capítulo 2: Provisión

Descubre

Lee Marcos 6; luego contesta las siguientes preguntas:

1. ¿Por qué Jesús les dijo a sus discípulos que no empacaran suministros y provisiones para su misión? ¿Te parece extraño? ¿Cómo hubieses respondido en esa situación?
2. ¿Qué esperaba Jesús para (y de) sus discípulos?
3. Los discípulos le reportaron a Cristo todo el trabajo que habían hecho, y Él les dijo: «Vengan conmigo ustedes solos a un lugar tranquilo y descansen un poco» (vv. 30–31). ¿Qué te imaginas que hablaron mientras estaban descansando? ¿Qué «descanso» te ha ofrecido Cristo en tu rutina diaria?

Cree

4. Cuando haces una evaluación sincera de tu vida hoy, ¿qué necesidades tienes? ¿Temes que Dios no va a proveer en esas áreas?
5. ¿Crees que de verdad todo es posible cuando descansas en Jesús?

Vive

6. Dios promete proveer para cualquier misión a la cual nos ha llamado. ¿Qué misión intimidante te ha asignado Dios? ¿Estás lista para la labor?
7. Hay veces cuando las palabras no ayudan y nuestros amigos no pueden sentir lo que sufrimos; solo podemos dirigirnos a Jesús. ¿Cómo ha suplido Él tus necesidades hoy? ¿Esta semana? ¿Este año?

8. Jesús nos ofrece la oportunidad de escaparnos con Él, huir del estrés de la vida, y relajarnos. ¿Alguna vez has aceptado esa invitación?
9. ¿A dónde vas a renovarte cuando estás exhausta? ¿Dónde es que Dios quiere que vayas? ¿Qué vas a hacer esta semana para dirigirte a Dios para tu descanso?

Memoriza esta semana: «Así que mi Dios les proveerá de todo lo que necesiten, conforme a las gloriosas riquezas que tiene en Cristo Jesús» (Filipenses 4.19).

Capítulo 3: Paz

Descubre

Lee Marcos 4.35–5.13; luego contesta las siguientes preguntas:

1. Jesús y sus discípulos estaban haciendo un viaje incómodo hacia un lugar desagradable (lee más en la página 51). ¿Por qué hicieron ese esfuerzo?
2. Cuando Cristo les habla a las tormentas que están dentro y fuera del corazón humano, ambas obedecen. ¿Qué significa eso para ti?
3. ¿Cómo es la autoridad de Jesús, vista en esta historia de una manera dramática, una fuente de consuelo para sus seguidores?

Cree

4. La palabra griega usada aquí para «paz» es *eirene*, la cual significa «un estado de bienestar sin disturbios ni problemas». ¿Cómo definirías paz, basada en tus experiencias?

5. ¿Alguna vez te has encontrado atormentada por las decisiones que estás haciendo en la vida, o confundida por un sentimiento de odio a sí misma? ¿Cómo puedes salir de ese lugar a uno de paz en Cristo?
6. ¿Anhelas que tu vida cuente una historia diferente de la que estás viviendo? Si es así, ¿cuál sería?
7. ¿Qué le dirías al gadareno endemoniado o al hombre sin hogar que estaba en el parque de Londres, si tuvieras la oportunidad de encontrarte con uno de ellos? ¿Cómo les comunicarías el amor que Dios tiene por ellos?

Vive

8. ¿Alguna vez has visto las olas caer sobre el bote de tu vida, temiendo que te ibas a ahogar en la tormenta que está a tu alrededor? ¿Qué te ha traído a ese lugar?
9. ¿En qué formas calmó Jesús esos mares para ti?
10. ¿Cuáles son las heridas con las que has estado viviendo? ¿Estás dispuesta a invitar a Dios a que te las sane?

Memoriza esta semana: «La paz les dejo; mi paz les doy» (Juan 14.27).

Capítulo 4: Confianza

Descubre

Lee 2 Reyes 17.34–40 (acerca de los samaritanos) y Juan 4.1–26; luego contesta las siguientes preguntas:

1. ¿Por qué los samaritanos eran tan repulsivos para los judíos? (Ver páginas 69 para profundizar más.)
2. ¿De qué manera la conversación de Jesús con la mujer samaritana enfatizó la idea de que su regalo de salvación es *gratuito*?
3. ¿Cómo vemos la verdad de Romanos 8.28 («sabemos que Dios dispone todas las cosas para el bien de quienes lo aman») en la historia de la mujer samaritana? ¿Cuál fue su legado?

Cree

4. Dios promete que va a usar todas las cosas para el bien de quienes lo aman. ¿Crees que eso es verdad para ti? Toma un tiempo para imaginarte cómo es que eso sucedería.
5. ¿Por qué los judíos odiaban a los samaritanos tanto? ¿Alguna vez has visto o experimentado esa clase de resentimiento?
6. ¿Qué crees que te haría feliz en esta vida? ¿Qué es lo que las Escrituras nos prometen que nos haría feliz?
7. Jesús no reprende a la mujer samaritana por sus tantas diversiones con hombres; al contrario, le ofrece la única relación que la satisfará: Una relación con Él. ¿Cómo te impacta la intimidad de la compasión de Jesús y la generosidad de su regalo de salvación?

Vive

8. ¿En qué áreas de tu vida, tu apariencia, tus riquezas, tu familia, etcétera, te has sentido sola o aislada, hasta avergonzada, como que si no estás a la altura?
9. ¿Cómo podría usar Dios el dolor en tu vida para acercarte más a Él? ¿Te ha sucedido eso?

10. ¿Consideras que el Espíritu Santo es tu compañero de oración? ¿Cómo podría cambiar tu vida de oración si lo vieras a Él de esta manera? ¿O la perspectiva que tienes sobre los asuntos con los que estás luchando regularmente?

Memoriza esta semana: «Ahora bien, sabemos que Dios dispone todas las cosas para el bien de quienes lo aman, los que han sido llamados de acuerdo con su propósito» (Romanos 8.28).

Capítulo 5: Amor

Descubre

Lee Marcos 5.24–34; luego contesta las siguientes preguntas:

1. ¿Cómo sabía Jesús que la mujer lo había tocado? ¿Cuál es el significado de que su poder salió hacia ella?
2. ¿Te imaginas cuál es la angustia con la cual esta mujer estaba viviendo? ¿Por qué estaba dispuesta a correr el riesgo de tocar a Jesús?
3. ¿Cómo piensas que la mujer se sintió, sabiendo que fue sanada inmediatamente? ¿Piensas que esta es una historia que ella contó por el resto de su vida?

Cree

4. Muchas personas se sienten discriminadas por las comunidades cristianas. ¿Te ha convencido Dios de que le extiendas la mano de amor a un grupo específico que quizá se esté sintiendo rechazado por la iglesia?

5. ¿Qué problema o asunto estás enfrentando en tu vida hoy? ¿Esta semana? ¿Este año? Busca una promesa de la Palabra de Dios que hable acerca de eso (usa una concordancia o un índice por tópico como referencia), y luego lee ese versículo todos los días como un recordatorio de la salvación y del amor de Dios.
6. Jesús nunca nos da lo que *pensamos* que necesitamos, al contrario, nos da lo que *sabe* que necesitamos. ¿Has visto que esto es verdad en tu vida?

Vive

7. La mujer que tenía hemorragias, en el Evangelio de Marcos, corrió un riesgo tremendo para extender la mano y tocar el manto de Jesús. Estaba desesperada por tener una respuesta a sus problemas; lo arriesgaría todo por tener esperanza. ¿Alguna vez te has sentido así?
8. ¿Cuándo has extendido la mano hacia la esperanza y te has aferrado a ella como si fuese tu salvavidas? ¿Qué fue lo que restauró tu esperanza en Cristo?
9. ¿Cómo transformó el amor tu vida?
10. ¿Alguna vez le has dicho a Jesús toda la verdad acerca de tu vida? Toma un tiempo para escribir tu testimonio en un diario. La historia de tu vida vista a través del filtro de Jesús persiguiéndote para que seas su hija. Luego ora, dándole gracias por su regalo de redención.

Memoriza esta semana: «Pues estoy convencido de que ni la muerte ni la vida, ni los ángeles ni los demonios, ni lo presente ni lo por venir, ni los poderes, ni lo alto ni lo profundo, ni cosa alguna en toda la creación, podrá apartarnos del amor que Dios nos ha manifestado en Cristo Jesús nuestro Señor» (Romanos 8.38–39).

CAPÍTULO 6: GRACIA

Descubre

Lee Lucas 15.11–32; luego contesta las siguientes preguntas:

1. Haz una lista de todos los elementos asombrosos y ofensivos que aparecen en esta historia, como cuando el hijo estaba demandando su herencia o cuando estaba viviendo con los cerdos impuros. ¿Por qué Jesús fue hasta ese extremo para mostrar a un hijo tan rebelde?
2. ¿Qué es lo que aprendemos acerca de la gracia de Dios en esta historia?
3. Cierra los ojos e imagínate esta escena, contigo como el hijo rebelde y Dios como el Padre corriendo por el camino para poner sus brazos alrededor tuyo. ¿Cómo te hace sentir eso? ¿Te motiva de alguna manera?

Cree

4. ¿Crees, profundamente, que Dios nos ama a todos por igual; o piensas que en realidad le gustan más las personas que han dedicado sus vidas al servicio y al sacrificio?
5. El único lugar en donde podemos experimentar amor incondicional es el corazón de Dios. Ese amor divino se llama *gracia*. Cuando escuchas la palabra «gracia», ¿Qué te viene a la mente?
6. Cuando escuchas la historia del hijo pródigo, ¿con quién te

identificas más? ¿Por qué? ¿Crees que ese aspecto de tu carácter personal puede recibir gracia?

7. ¿Por qué Dios nos esconde algunos de los misterios de la fe? ¿Cómo impactan estos misterios tu vida espiritual?

Vive

8. Dios tiene la clase de fortaleza que llena todas nuestras debilidades. Acuérdate del tiempo en que Dios fue la fortaleza que necesitaste. Haz una lista de las formas en que Él proveyó lo que necesitabas.
9. ¿De qué manera has experimentado el amor «sin precedentes, desmedido y abrumador» de Dios?
10. ¿Qué necesitas para que reconozcas la necesidad que tienes de la gracia de Dios abundante e inmerecida en tu vida?

Memoriza esta semana: «Te basta con mi gracia, pues mi poder se perfecciona en la debilidad» (2 Corintios 12.9)

Capítulo 7: Esperanza

Descubre

Lee Lucas 8.1–13, y luego contesta las siguientes preguntas:

1. ¿Cuál fue la causa del dolor de María Magdalena antes de que conociera a Jesús?
2. ¿Cómo es que el encuentro con Él cambió su vida para siempre? Siéntete libre de imaginarte qué fue lo que sucedió el día que Jesús la rescató.

3. ¿Ha invadido el cielo tu infierno? ¿Qué sucedió y qué tienes de diferente?

Cree

4. Piensa en los sueños de tu vida. Imagínate las posibilidades y considera tus expectativas. ¿Cómo encajan las promesas de Dios en tu visión?
5. Repasa las Escrituras mencionadas en este capítulo y piensa en otros ejemplos que conoces de tu propio estudio bíblico. ¿Cuándo es que las personas en la Biblia han enfrentado problemas y cómo fue que Dios proveyó para ellas?
6. ¿De qué maneras luchó María Magdalena para entender las promesas de Dios? ¿Cómo puedes aprender de ella?
7. Dios promete que nunca, jamás, nos dejará. En realidad, ¿crees eso; profundamente?

Vive

8. ¿Alguna vez te sientes tentada a «acentuar» las promesas de Dios, como si fueras su agente personal de relaciones públicas?
9. ¿Por cuáles situaciones dolorosas y solitarias has tenido que caminar en la vida? ¿Te sentiste sola? ¿O sentiste que Dios te estaba sosteniendo?
10. En este capítulo leemos que Dios es luz, amor, gracia, un regalo, una hendidura para que nos podamos esconder. En tus propias palabras, ¿Qué es Cristo para ti?

Memoriza esta semana: «Dios ha dicho: "Nunca te dejaré; jamás te abandonaré". Así que podemos decir con toda confianza: "El Señor es quien me ayuda; no temeré"» (Hebreos 13.5–6).

Capítulo 8: Fortaleza

Descubre

Lee Juan 13.1–17; luego contesta las siguientes preguntas:

1. El versículo 3 de este pasaje nos muestra el «porqué» del comportamiento de Jesús esa noche. ¿Cuál fue su motivación y qué significa eso para ti?
2. La respuesta sumamente entusiasmada de Pedro es típica de él. ¿Respondes de esta manera o eres más cautelosa? ¿Crees que existe una manera correcta o incorrecta de hacer esto?
3. ¿Cómo nos muestra esta escena el significado de las promesas de Jesús hacia nosotros?

Cree

4. ¿De qué maneras has estado llevando una «vida cautelosa»? ¿Has estado refrenando lo que Dios te ha designado que seas? ¿Por qué?
5. Dios le prometió a Isaías: «Te daré los tesoros de las tinieblas, y las riquezas guardadas en lugares secretos, para que sepas que yo soy el Señor, el Dios de Israel, que te llama por tu nombre» (Isaías 45.3). ¿Qué tesoros has descubierto en la oscuridad de tu jornada?
6. ¿Cómo podemos saber, o cómo podemos acordarnos, que Dios está allí sosteniéndonos aun cuando la noche es negra y el dolor está exprimiéndonos la vida?

7. Jesús eligió pasar sus horas finales en esta tierra en un lugar de debilidad y humildad, lavándoles los pies a sus discípulos. ¿Por qué? ¿Cómo «venció al mundo» en ese momento?

Vive

8. Todos hemos tenido problemas en esta vida, algunos más amenazadores que otros. ¿Alguna vez has experimentado la emoción que John Keats describe de esta manera: «Estoy en ese humor en el que si estuviese bajo el agua, seguramente no patalearía para salir»? ¿Alguna vez te has querido dar por vencida? ¿Qué es lo que te ha ayudado a seguir adelante?
9. Aunque Jesús sabía acerca del dolor que Él iba a tener que enfrentar en la cruz, tomó tiempo para detenerse y orar por sus amigos. ¿Qué dolor están sufriendo tus amigos y tu familia ahora mismo? Nadie escapa ileso, así que si no estás consciente de tus aflicciones, excava más profundamente en esas relaciones esta semana y descubre qué es lo que les está afligiendo a los que amas. Entonces entra a la jornada al orar por ellos y al amarlos.
10. La promesa de Jesús es: «¡Anímense! Yo he vencido al mundo». ¿Cómo cambia eso tu perspectiva hoy?

Memoriza esta semana: «En este mundo afrontarán aflicciones, pero ¡anímense! Yo he vencido al mundo» (Juan 16.33).

Capítulo 9: Más

Descubre

Lee Mateo 5.17–20; luego contesta las siguientes preguntas:

1. ¿Por qué era tan importante para los judíos, en los tiempos de Jesús, que se observara la ley?
2. ¿Qué significa que Jesús vino a «cumplir la ley»?
3. ¿Crees que vives por la ley o por la gracia de Dios? ¿Por qué?

Cree

4. ¿Qué has estado soñando por obtener últimamente: pintura nueva para la sala, una mesa nueva para el comedor, un vestido elegante para un evento importante, una casa más bonita? Escribe una lista de «Cosas que quiero» en un diario o en otro papel por separado. Ahora escribe por cuánto tiempo crees que esas cosas te satisfarán antes de que quieras reemplazarlas.
5. ¿Qué piensas que Jesús realmente quiso decir cuando nos dijo: «Pidan y se les dará» (Mateo 7.7)? ¿Cómo satisface Él nuestros deseos?
6. En la página 171, Sheila explica las diferentes clases de significado que contiene la palabra «dichoso». ¿Cómo definirías esta palabra? ¿Por qué es esta una elección significativa para empezar el Sermón del monte?
7. ¿Por qué los líderes religiosos estaban tan enojados, hasta furiosos, con Jesús por el mensaje que dio en su Sermón del monte?

Vive

8. ¿Por qué la vida es mucho más complicada y estresada cuando nos enfocamos en las reglas? ¿En qué es lo que deberíamos enfocarnos?
9. Lee el Sermón del monte (Mateo 5—7) con una nueva perspectiva. ¿Cuáles de tus hábitos o expectativas profundas revolucionó Jesús en este pasaje bíblico?

10. Piensa en la lista de cosas que quieres de la pregunta número 4. ¿Qué es lo que realmente estás buscando en esta vida? ¿Cómo es que las promesas de Dios satisfacen estos deseos?

MEMORIZA ESTA SEMANA: «Pidan, y se les dará; busquen, y encontrarán; llamen, y se les abrirá. Porque todo el que pide, recibe; el que busca, encuentra; y al que llama, se le abre» (Mateo 7.7–8).

CAPÍTULO 10: HOGAR

Descubre

Lee Juan 14.2–3 y Juan 19.16–27; luego contesta las siguientes preguntas:

1. ¿Qué es lo que piensas que María pensó al ver a Jesús crecer y hacerse adulto? ¿Piensas que temía haber malentendido al verlo cuando lo estaban crucificando?
2. ¿Cómo están conectados estos dos pasajes bíblicos? ¿Qué significan para ti?
3. ¿Cómo es la promesa de Jesús de proveer para ti, de ser tu refugio, central en tu creencia?

Cree

4. ¿Qué temores, gozos y tristezas experimentó María como la madre del Hijo de Dios, especialmente al verlo crecer y madurar como hombre adulto?
5. ¿Qué conmueve tu alma al leer la historia de María, la madre de Jesús?

6. Este capítulo habla acerca de las dudas que debieron haber tenido todos aquellos que conocieron a Jesús. ¿Qué dudas has experimentado? ¿Ya te las ha contestado Jesús?

Vive

7. Cuando a María se le informa de su intimidante misión, dar a luz al Hijo de Dios, ella responde con humildad confiada: «Aquí tienes a la sierva del Señor... Que él haga conmigo como me has dicho» (Lucas 1.38). ¿Has estado tan dispuesta a aceptar la voluntad de Dios cuando enfrentas desafíos en tu vida?
8. ¿Alguna vez te has encontrado en un lugar tan lleno de dolor y, sin embargo, por el compromiso que tienes con Jesús, das el siguiente paso de fe? ¿Qué fue lo que sucedió?
9. ¿A qué extremo estás dispuesta a amar y a servir a un Dios que no siempre entiendes? ¿Cuán lejos estás dispuesta a ir para servirle?
10. Cuando Juan se dio cuenta de que Jesús estaba vivo, corrió lo más rápido que pudo para decirle a María que ella iba a ver a su hijo otra vez, y que esta vez Él iba a ser su Salvador. ¿Quién te dio ese mensaje maravilloso? ¿Lo has compartido con alguien más?

Memoriza esta semana: «En el hogar de mi Padre hay muchas viviendas; si no fuera así, ya se lo habría dicho a ustedes. Voy a prepararles un lugar» (Juan 14.2).

Acerca de la autora

Sheila Walsh es comunicadora, maestra de la Biblia y autora más vendida con más de cuatro millones de libros vendidos. Oradora principal de las Mujeres de Fe, Sheila ha llegado a más de tres millones y medio de mujeres al combinar artísticamente su honestidad, vulnerabilidad y sentido del humor con la Palabra de Dios.

Autora del libro de autobiografía de gran éxito de venta: *Honestly* y nominada para el premio de Gold Medallion por el libro: *The Heartache No One Sees*, la última publicación de Sheila: *Beautiful Things Happen When a Woman Trusts God*, incluye un estudio bíblico de doce semanas. Ella publicó su primera novela *La canción del ángel* y ha escrito varios libros para niños, incluyendo: *Gigi, God's Little Princess*, el cual tiene una serie de videos que ha ganado dos veces el premio del National Retailer's Choice y es la marca cristiana más popular entre las jovencitas en Estados Unidos.

Sheila fue coanfitriona del programa del *Club 700* y tuvo su propio programa: *Heart to Heart with Sheila Walsh*. Actualmente está completando su maestría en teología y vive con su esposo Barry y su hijo Christian, y dos perritas, Belle y Tink, en Dallas, Texas.

Visita su sitio web: *www.sheilawalsh.com*
Facebook: *www.facebook.com/sheilawalshconnects*
Twitter: @sheilawalsh/www.twitter.com/sheilawalsh